U0636248

学生民主法制素质教育

萧 枫　姜忠喆◎主编

特约主编：　庄文中　龚　玲

主　　编：　萧　枫　姜忠喆

编　　委：　孟迎红　郑晶华　李　菁　王晶晶　金　燕
　　　　　　刘立伟　李大宇　赵志艳　王　冲
　　　　　　王锦华　王淑萍　朱丽娟　刘　爽
　　　　　　陈元慧　王　平　张丽红　张　锐
　　　　　　侯秋燕　齐淑华　韩俊范　冯健男
　　　　　　张顺利　吴　姗　穆洪泽
　　　　　　左玉河　李书源　李长胜　温　超
　　　　　　范淑清　任　伟　张寄忠　高亚南
　　　　　　王钱理　李　彤

吉林出版集团有限责任公司

图书在版编目(CIP)数据

学生民主法制素质教育/《"四特"教育系列丛书
》编委会编著. -- 长春：吉林出版集团有限责任公司，
2012.4

("四特"教育系列丛书/庄文中等主编. 学生素
质教育与培养)

ISBN 978 - 7 - 5463 - 8736 - 9

Ⅰ.①学… Ⅱ.①四… Ⅲ.①中小学生 - 民主教育②
中小学生 - 法制教育 Ⅳ.①G631.5

中国版本图书馆 CIP 数据核字(2012)第 043965 号

学生民主法制素质教育

出 版 人	孙建军	
责任编辑	孟迎红　张西琳	
责任校对	赵　霞	
开　　本	690mm×960mm　1/16	
字　　数	250 千字	
印　　张	13	
版　　次	2012 年 4 月第 1 版	
印　　次	2012 年 4 月第 1 次印刷	
出　　版	吉林出版集团有限责任公司	
发　　行	吉林音像出版社	
	吉林北方卡通漫画有限责任公司	
地　　址	长春市泰来街 1825 号	
	邮　编:130062	
电　　话	总编办:0431 - 86012915	
	发行科:0431 - 86012770	
印　　刷	北京海德伟业印务有限公司	

ISBN 978 - 7 - 5463 - 8736 - 9　　　　定价:25.80 元

前　言

　　学校教育是个人一生中所受教育最重要的组成部分,个人在学校里接受计划性的指导,系统地学习文化知识、社会规范、道德准则和价值观念。学校教育从某种意义上讲,决定着个人社会化的水平和性质,是个体社会化的重要基地。知识经济时代要求社会尊师重教,学校教育越来越受重视,在社会中起到举足轻重的作用。

　　"四特教育系列丛书"以"特定对象、特别对待、特殊方法、特例分析"为宗旨,立足学校教育与管理,理论结合实践,集多位教育界专家、学者以及一线校长、老师们的教育成果与经验于一体,围绕困扰学校、领导、教师、学生的教育难题,集思广益,多方借鉴,力求全面彻底解决。

　　本辑为"四特教育系列丛书"之《学生素质教育与培养》。

　　实施素质教育是我国现代化建设事业的需要。它体现了基础教育的性质、宗旨与任务。提倡素质教育,有利于遏制当前基础教育中存在着的"应试教育"和片面追求升学率的倾向,有助于把全面发展教育落到实处。从教育面向现代化、面向世界和面向未来的要求看,素质教育势在必行。这是我们基础教育时代的主题和任务。

　　学校教育的核心工作是培养全面发展的社会主义建设者和接班人,而学生则是未来的主要建设者和接班人,直接关系到整个社会的前途和命运。中小学生正处于青少年时期,其心理生理发展具有不成熟、可塑性强的特点,他们在面对错综复杂的社会时能否全面认识理性分析问题不仅是部分人的问题而是一个社会问题。当代青少年面临更多的机遇和史无前例的挑战,只有树立科学的价值观,才能全面正确地认识自己、他人和社会,才能在认识和改造世界的过程中取得成功。

　　本辑共 20 分册,具体内容如下:

　　1.《学生身体素质教育》

　　根据中小学生参与体育状况调查发现,学生身体素质呈现持续下降的趋势。针对学生身体素质下降的状况,必须要让体育课落到实处,且要加强开展学校课外体育活动的力度,充分调动广大学生参与课外体育活动,从而提高学生的身体素质,使学生的身心得到健康发展。同时,探寻学校学生身体素质下降的根源,从而提高他们的身体素质。

　　2.《学生心理素质教育》

　　本书的各位作者拥有多年从事心理健康教育和研究的经验,为此,我们运用心理学的基本原理,从同学们的需要出发,编写了本书,它主要包含上面提到的自我、人际、学习、生涯等几个方面的内容。希望同学们能通过本书的学习,掌握完成这些任务的战略与技巧,为你们的长远和可持续发展提供力所能及的帮助。

3.《学生观念素质教育》

不同的人对同一事物产生不同的看法,本来是很正常的事情,但如果不同学生的观念差异太大,甚至"针锋相对",就不能不让人琢磨一下。本书就学生的观念素质教育问题进行了系统而深入的分析和探讨,并提出了解决这一问题的新思路、可供实际操作的新方案,内容翔实,个案丰富,对中小学生、教师及家长均有启发意义。本书体例科学,内容生动活泼,语言简洁明快,针对性强,具有很强的系统性、实用性、实践性和指导性。

4.《学生道德素质教育》

道德素质是人的重要内涵,它决定着人的尊严、价值和成就。良好道德素质的培养,关键在青少年时期。为培养学生形成良好的行为习惯,提高道德素质,只有建立学校、家庭、社会三结合的"立体化"教育网络,才能最有效地促进学生道德行为的养成,全面提高青少年的素质,促进青少年的健康成长。

5.《学生形象素质教育》

我们自尊我们自信,我们尊敬师长,我们自强我们自爱,我们文明健康。青春就是一次又一次的尝试。身处在这个未知的世界,点滴的前进,都是全新的体验,它点亮中学生心中的那片雪海星辰。新时代的中学生用稚嫩的双手创造一个又一个生命的篇章。让我们用学识素养打造强而有力的翅膀,让我们用青春和梦想做誓言,让我们用崭新的形象面向世界。

6.《学生智力素质教育》

教学中学生正是通过语言符号和非语言符号,学习知识、技能,在吸取人类智力成果过程中,使自己的智力得到锻炼和发展。指导学生智力发展应贯串于教学过程的始终。备课、钻研教材、上课、答疑、辅导、组织考试、批改试卷和作业都应当分析学生思维的过程,考虑发展思维的教学措施。

7.《学生美育素质教育》

美育是培养学生全面发展的教育方针的重要组成部分。美育又称审美教育或美感教育,是培养学生正确的审美观点以及感受美、鉴赏美和创造美的能力的教育。美育是实施其他各育的需要,美育是全面发展教育的重要组成部分,它渗透在全面发展教育的各个方面,对学生身心健康和谐地发展有促进作用。

8.《学生科学素质教育》

教育应面向全体国民,以提高国民素质、提高学生科学素养为目标,为学生的终身发展打下基础。本书以培养小学生科学素养为宗旨并依据新课程标准编写。学生通过本书的学习,能知道与身边常见事物有关的浅显的科学知识,了解科学探究的过程和基本方法,保持和发展对周围世界的好奇心和求知欲,逐渐养成科学的行为习惯和生活习惯,形成敢于创新的科学态度,培养爱科学、爱家乡、爱祖国的情感。

9.《学生创造素质教育》

创造才能是各种能力的集中和最有价值的表现，人类社会文明都是创造出来的，所以只有具备创造才能的人，才是最有用的人才。一切发达国家都非常重视青少年创造才能的培养。培养创造才能要从教育抓起，要从小做起。

10.《学生成功素质教育》

本书旨在让学生认识到成功素质教育的重要性。成功素质教育的目的和意义在于：激发学生对于成功的欲望和追求；让学生了解成功素养的内涵和相关解释；通过开展积极有效的成功素质教育，激发学生潜能；让学生自发主动地参与成功素质的行为，由被动转为主动。

11.《学生爱国素质教育》

祖国是哺育我们的母亲，是生命的摇篮，我们应该因为自己是一个中国人而感到骄傲。学校要坚持抓好学生的爱国主义教育，使他们从小热爱祖国。"祖国"一词对小学生来说，比较抽象，因此，他们对学生进行爱国主义教有，注意从大处着眼，小处着手，引导学生从身边具体的事做起。

12.《学生集体素质教育》

一个国家如果没有团结稳定的局面是不可能繁荣兴盛的；一个集体如果没有精诚合作的精神是不可能获得发展的；一个班级如果集体观念淡薄是不可能有提高进步的；一个人如果不加强培养集体意识，他是不可能被社会所接纳的。集体意识的培养对每个学生来讲是至关重要的。学生只有在校园就开始提高自己的集体协作意识，才能在将来的工作中游刃有余，才能让自己的前途得到更好的发展。

13.《学生人道素质教育》

人道主义精神与青年成长的关系非常密切，既关系思想意识上的完善，又关系知识面的拓展。为进一步切实加强青少年的思想道德建设，建议教育部制定切合实际的教育纲要，将人道主义教育纳入中小学生课程。本书从人道主义精神的培养入手，规范未成年人的行为习惯，使他们真正成为合格的接班人。

14.《学生公德素质教育》

社会公德作为人类社会生活中最起码、最简单的行为准则，是和广大人民群众的切身利益密切相关的，是适应社会和人的需要而产生的。它对人们的社会生活具有特殊且广泛的社会作用。每个社会成员都应该自觉遵守社会公德。社会公德是衡量一个国家全民素质水准的重要标志，抓紧对青少年进行社会公德教育，既是推动社会进步的奠基工程，也是社会主义精神文明建设的一项战略任务。

15.《学生信念素质教育》

加强公民道德建设，在全社会树立中国特色社会主义的共同理想和信念，加快构建传承中华传统美德、符合社会主义精神文明要求、适应社会主义市场经济的道德和行为规范。未成年人是祖国未来的建设者，加强和改进未成年人思想道德建设尤其重要。理想信念教育是培养公民素质的本质要求，把学生培养成为热爱社会主义祖国,具有社会公德、文明行为习惯的遵纪守法的公民是我国德育工作的主要任务。在德育体系中,理想信念教育处于核心地位,是德育研究的重中之重。

16.《学生劳动素质教育》

劳动素质教育是向学生传授现代生产劳动的基础知识和基本生产技能,培养学生正确的劳动观点,养成良好的劳动习惯的教育。本书旨在培养学生正确的劳动观点和良好的劳动习惯,使学生掌握初步的生产劳动知识和技能。

17.《学生纪律素质教育》

依法治国已成为我国治国的方略。我们正在建设社会主义法治国家,纪律法制在社会生活中的作用越来越重要,因此进行纪律法制教育也就十分必要了,对青少年学生尤其如此。青少年时期正好是一个人世界观、人生观、价值观的形成时期,在此时加强纪律法制教育,有利于帮助他们掌握应有的纪律法制知识,增强纪律法制意识,提高自觉遵守纪律法制的自觉性,养成良好的遵纪守法习惯。

18.《学生民主法制素质教育》

在推进依法治国,建设社会主义法治国家的进程中,加强对青少年的法制教育,促进青少年的健康成长,我们负有不可推卸的历史责任。为此,本书对当前青少年犯罪的现状、特点、成因进行了调查,对如何进一步加强青少年法制教育和预防青少年犯罪的方法作了一些探索,具有很强的系统性、实用性、实践性和指导性。

19.《学生文明素质教育》

礼仪是一种修养,一种气质,一种文明,一种亲和力,它是人际交往的通行证。青少年是祖国的希望,是 21 世纪国家建设的主力军。培养他们理解、宽容、谦让、诚实的待人处事和庄重大方、热情友好、礼貌待人的文明行为举止,是当前基础教育和学校德育工作的重点之一。将主题宣传教育活动、文明礼仪知识普及活动、日常行为规范教育活动紧密结合起来,培养学生文明行为举止,抓实抓细,必定卓然有效。

20.《学生人生观素质教育》

当代的中学生是跨世纪建设有中国特色社会主义的主力军,他们的人生观如何,关系到他们的本质是否能够得到全面提高,关系到我国社会主义大业的兴衰。因此,学校必须加强对中学生进行人生观教育。在校学生是我国社会生活中被寄予厚望的最重要的群体,他们的人生观变化是社会变化的晴雨表。人生观不仅影响他们个人的一生,而且对国家的前途、命运产生相当大的影响。因此,学校必须加强对中学生进行人生观教育。

由于时间、经验的关系,本书在编写等方面,必定存在不足和错误之处,衷心希望各界读者、一线教师及教育界人士批评指正。

编者

目　录

第一章　学生民主法制素质教育的理论指导 ················ (1)

1. 法的内涵和起源 ································· (2)

2. 法的本质和作用 ································· (4)

3. 社会主义法制的基本要求 ··················· (6)

4. 学习法律常识的意义和方法 ················· (8)

5. 法治是民主管理的必然方向 ················· (12)

6. 社会主义民主与法制建设教学设计 ·········· (17)

7. 民主与法制在班级管理中的作用 ············ (28)

8. 违法行为及其危害 ························· (32)

9. 违法行为的发生及制裁 ····················· (37)

10. 学生违法乱纪现象思考 ···················· (44)

11. 学生违法乱纪行为剖析 ···················· (50)

12. 消除青少年犯罪的"隐性"因素 ············ (54)

13. 青少年犯罪的原因及预防对策 ············· (57)

14. 在校学生违法案件的处理 ················· (63)

15. 语文教学中法制教育的指导 ··············· (66)

16. 语文教学中"教学民主化"的运用 ········· (70)

1

17. 语文教学民主化的实践及思考 …………………… (76)

18. 实施语文教学民主化的方法 ………………………… (83)

19. 历史教学中进行民主法制教育的策略 ……………… (86)

20. 小学语文教学中的法制教育 ………………………… (93)

21. 小学语文教学中渗透法制教育 ……………………… (98)

22. 小学语文民主和谐的乐学教学法 ………………… (101)

23. 中学语文课堂教学的民主与科学 ………………… (105)

第二章　学生民主法制素质教育的故事推荐 ……… (111)

1. 孔融争死留美名 …………………………………… (112)

2. 陶谦让城不传子 …………………………………… (114)

3. 范式守信不负约 …………………………………… (116)

4. 礼震才请求替师受刑 ……………………………… (120)

5. 柳宗元体恤民生 …………………………………… (121)

6. 李沆不奏密报 ……………………………………… (122)

7. 宗泽管物价厉杀奸商 ……………………………… (125)

8. 善守清廉的元明善 ………………………………… (126)

9. 徐海东两次要求降职 ……………………………… (128)

10. 毛泽民律己待兄弟 ……………………………… (130)

11. 陈赓严守军纪 …………………………………… (131)

12. 许建国严教侄子 ………………………………… (133)

13. 彭雪枫会见教师代表 …………………………… (134)

14. 手套 ……………………………………………… (136)

15. 拿破仑与秘书 …………………………………… (138)

16. 船王与儿子 ……………………………………… (140)

17. 为自己的拥有而开怀 ……………………（141）

18. 嫉妒的力量 ……………………………（142）

19. 另一种地狱 ……………………………（144）

20. 自己种瓜 ………………………………（145）

21. 一棵树 …………………………………（147）

22. 抬起两只脚的后果 ……………………（147）

23. 善良的实用价值 ………………………（148）

24. 狐狸的悲哀 ……………………………（149）

25. 大阪青蛙去京都 ………………………（151）

26. 老鼠择婿 ………………………………（152）

27. 泥人过河 ………………………………（154）

28. 一个女人和两个男人 …………………（156）

29. 生存游戏 ………………………………（158）

30. 制定计划的方法 ………………………（159）

31. 炼金术 …………………………………（161）

32. 一枝铅笔 ………………………………（162）

33. 鸟与猫 …………………………………（164）

34. 成功倒计时 ……………………………（166）

35. 也许生活并没有痛苦 …………………（167）

36. 悬念中的哲理 …………………………（168）

37. 欲望 ……………………………………（169）

38. 沙堡与大海 ……………………………（170）

39. 破桶与花朵 ……………………………（171）

40. 现在的幸福 ……………………………（172）

41. 奥运冠军的成长 ………………………（175）

42. 彬彬有礼 ………………………………（177）

43. 艺人与儿子 …………………………………… (178)

44. 为何团团转 …………………………………… (180)

45. 好战的狼 ……………………………………… (180)

46. 推销大师 ……………………………………… (181)

47. 渔王的儿子 …………………………………… (182)

48. 原来这么简单 ………………………………… (183)

49. 生命价值 ……………………………………… (184)

50. 老鼠杀人 ……………………………………… (185)

51. 思维的区别 …………………………………… (185)

52. 情况不同 ……………………………………… (186)

53. 鲨鱼与鱼 ……………………………………… (187)

54. 神迹 …………………………………………… (187)

55. 两杯不同的水 ………………………………… (188)

56. 两片海洋 ……………………………………… (189)

57. 一纱之隔 ……………………………………… (190)

58. 把奖赏变成惩罚 ……………………………… (191)

59. 死蛇咬人 ……………………………………… (192)

60. 蚌和野马 ……………………………………… (192)

61. 一封未寄出去的情书 ………………………… (193)

62. 拾麦穗 ………………………………………… (196)

63. 冠军比赛 ……………………………………… (196)

第一章

学生民主法制素质教育的理论指导

1. 法的内涵和起源

法的内涵

法是人们社会行为规范的一部分。在任何社会里，制约和调整人们相互关系的社会行为规范都不只一种。例如在阶级社会里，除了法的规定外，还有政治规范、宗教规范、社会风俗和团体的章程等，它们都与法同时存在，并且各自在一定范围内，对人们的社会行为起着普遍的制约和调整作用。所以说，法只是人们社会行为规范的一部分。

法是一种特殊的社会行为规范。虽然法是人们社会行为规范的一部分，但是，同其他的社会行为规范，如政策、章程、道德、习俗等比较起来，法又是一种特殊的规范。

首先，法与国家密不可分。法是由国家制定的。而其他行为规范，例如道德、习俗，是在一定的物质生活条件的基础上，在人们的意识中自然形成，并且经过世代相传，为社会成员所认可的，它们的产生同国家没有直接关系。有些规范，例如政党政策、社会团体的章程等，是由这些政策和团体自行制定的。

其次，在一个国家里，法的阶级性是统一的。法的规范，是特定的国家机关按照统治阶级在政治、经济等方面的根本要求和利益制定的，在一个国家里，法在阶级性上是统一的，从根本上说，它只反映或体现统治阶级的意志。

最后，法是由国家强制力来保证实施的。法与其他社会规范不同，它有着特殊的强制性，这种强制性的维持和实现，是以军队、警察、法庭、监狱等所体现国家权力的暴力机关作为后盾的，违犯国家法律的行为，一般都要受到相应的法律制裁，这种制裁是由国家强制力来保证实施的。

综上所述，可以看出，法是由国家制定，反映统治阶级意志，依靠国家强制力保证实施的，用来调整人们在社会生活中相互关系的行为规范。

法的起源

法虽然是作用于人的社会行为规范，但它却不是与人类同时诞生的。自从原始人发明用火，完全脱离动物界进入人类社会，到现在已经有大约几十万年的历史，而法只不过是在三、四千年前，随着奴隶制国家的出现才产生的。

在原始社会，没有制定的社会行为规范，也没有法。个人与个人、个人与民族、民族与民族之间的社会关系，主要是靠在长期的劳动、生活过程中逐渐积累形成的习惯来调整。这种习惯规范，体现了全体社会成员的共同利益和意志，它的作用不需要任何特殊的强制，而是靠人们的自觉遵守，靠社会的舆论、靠民族首领的威信和传统的力量来保证实现的。

到了奴隶社会，奴隶主阶级为了维护自己占有生产资料，强制奴隶劳动和独吞劳动产品的社会秩序，镇压奴隶对这种秩序的反抗，一方面逐步建立起了包括武装力量、监狱法庭等暴力机构在内的国家机器，组成了国家；另一方面，也迫切需要只反映自己一个阶级的意志和利益的新的社会行为规范，这样，法也就应运而生了。

最早出现的法的规范，主要是经过奴隶主阶级改造过的原来的一些习惯。这些习惯最初没有文字的表现形式，称为不成文法，后来，连同奴隶主阶级制定的一些法的规范一起，运用文字形式记载下来，才转化为成文的法。综上所述，法是随着私有制、阶级国家的产生而产生的，也就是说，随着生产力的发展和私有制的出现，引起了以生产关系为基础的社会关系的变化，进而引起了整个上层建筑，包括调整人们社会关系的社会规范的变革，旧的社会规范——习惯，被新的社会规范——法所取代了。

2．法的本质和作用

法的本质

法的本质问题，是法的最基本，最复杂的问题之一。弄清法的本质，对于我们认识无产阶级和劳动人民为什么要反抗和通过革命废除剥削阶级的法，以及为什么要严格地，自觉地遵守社会主义的法，有着重要意义。

关于法的本质，包括以下几方面的内容：

第一，统治阶级的意志必然表现为法。在阶级社会里，不同的阶级有着不同的阶级意志，敌对阶级之间的阶级意志，甚至是互相对立的，互相排斥的。某个阶级只有在国家中居于统治地位的时候，它在政治、经济等方面的意愿、走向和要求，即它的阶级意志，才能以国家法律的形式表现出来。同时，统治阶级也只有通过国家权力，把自己的意志提升为法，或者像马克思、恩格斯所说的"奉为法律"，取得普遍遵守的形式，把人们的行为都纳入有利于自己阶级的社会关系和社会秩序的轨道，才能发现违法违纪的"越轨"行为时，用国家的强制手段给予制裁。

第二，法是整个统治阶级的意志，而不是统治阶级中个别成员、阶层或集团的意志。马克思曾经指出："统治阶级通过法律形式来实现自己的意志，同时使其不受他们之中任何一个单个人的任性的左右。"他还说："法律应该是社会共同的，由一定物质生产方式所产生的利益和需要的表现，而不是单个人的恣意横行。"这就是说统治阶级当中的任何成员，都要按照整个阶级的意志行事，在法律所允许的范围内活动。

第三，法是统治阶级意志的表现。这种意志是从哪里来的，或者说是由什么决定的呢？是由这个阶级所处的物质生活条件，包括生产力水平、生产关系状况和产品交换方式等决定的。这表明，任何一个统治阶级都不能离开它本身所处的物质生活条件，随心所欲地想立什么法就立什么法，或者在法里想规定什么就规定什么。这还表明，随着统治阶级的物质生活条件的发展变化，统治阶级意志的内容，以及表现这种意志的法，也必然要发展变化。总之，法的本质就在于法是国家整个统治阶级意志的表现，它不受这个阶级中个别人的意志所左右，统治阶级的意志是由他们所处的一定的物质生活条件决定的。

法的作用

法是一种极为复杂，极为重要的社会规范，它在人类社会发展的历史上，有着广泛的、不可替代的作用。总的来说，法是统治阶级维护其政治、经济、思想、文化上的地位和利益的工具。法在政治上的作用主要表现在三个方面：

第一，镇压被统治阶级的反抗。

法是统治阶级制定的，它要把被统治阶级成员的行为和活动，控制在统治阶级的利益所许可的范围内，迫使他们服从现在的政治、经济关系和社会秩序。如果被统治阶级进行反抗和破坏，统治阶级就会搬出法作武器，来制裁他们。

第二，调整阶级内部的关系。

在统治阶级内部，虽然各个不同的阶层、集团和个人的根本利益、根本意志是一致的，但他们之间也有着这样或那样的矛盾，一些成员还会做出危害社会的行为。在这种情况下，统治阶级为了解决这些矛盾，增强内部团结，更好地维护自身的整体利益，就用法来规定和调整其内部各阶层、集团和个人之间在政治上、经济上的关系。

第三，统治阶级还用法在国内调整它与同盟阶级的关系，在国外调整它与同盟国之间的关系。

法在经济上的作用表现在：

第一，确保统治阶级对生产资料的所有权。剥削阶级国家的法律都明确规定，私有财产神圣不可侵犯。社会主义国家也用法律确保生产资料的公有制，巩固自己的经济基础，发展社会主义经济，为提高人民的物质文化生活水平服务。

第二，维护有利于统治阶级的经济秩序。无论是剥削阶级国家，还是社会主义国家，都运用法律手段，通过调整人们在生产、交换、分配、消费领域里的各种关系，来维护有利于统治阶级的经济秩序，保障经济的发展。

法除了在政治、经济方面的作用外，还应提到的是，统治阶级用法来管理整个社会的公共事务，如科学文化、卫生保健、交通运输、保护自然环境和自然资源、利用宇宙空间等等。法的这方面的作用，固然有益于社会的每个成员，但归根结底还是有益于统治阶级的长远的和根本的利益。

3. 社会主义法制的基本要求

中国共产党十一届三中全会，总结了我国多年来法制建设的历史经验，根据新形势的客观需要，提出了必须加强和完善我国社会主义法制，做到"有法可依、有法必依，执法必严、违法必究。"这是对社会主义法制基本要求的科学概括。它包括了法制活动的全过程：从法律的制定，法律的遵守和执行到法律的制裁。完全实现这些方面的要求，就能够充分有效地发挥社会主义法制的威力。

实行法制，首先必须有法。如果没有法，那就根本谈不到法制。有法可依，就是指要立法，要制定各种法律和规章。有法可依是有法必依、执法必严、违法必究的前提。无法可依，就谈不到"必依"、"必严"和"必究"的问题。随着我国改革开放和现代化建设的不断深入，我国的法制建设也取得了很大成就，初步确立起了适应社会主义市场经济的法律框架体系。随着我国市场经济的不断发展，还需要制定许多与市场经济相适应的法律、法规，立法工作任重而道远。

立了法，并不等于就算有了法制，更为重要的，是要有法必依。法律制定以后，就必须坚决付诸实施，真正使它成为全体人民的行动准则。如果有法不依，那么，法律制定得再多也等于零，而且会失信于民，直接影响到党和国家的信誉。因此，有法必依，是加强法制的关键。

有法必依，包括执法和守法两个方面。这就是说，有法必依，首先表现在一切国家的机关和工作人员在自己的工作中要严格执行和遵守宪法、法律和一切规章，依照法律办事。对司法机关来说，就是审理案件，必须依照"以事实为根据，以法律为准绳"的原则办事，独立行使职权，只服从法律。其次，有法必依也表现在每个公民都必须严格遵守法律和制度。

法律制定后，只有认真地遵守和执行，才能有效地发挥作用。要做到这一点，就不仅要做到有法必依，而且还要做到执法必严，违法必究。

有法不依，等于无法；执法不严，实际上也等于无法。所谓"执法必严"，并不是说要搞严刑峻法，多捕重判，而是要求司法机关必须严格遵照法律和规章办事。执法必严，首先必须尊重客观事实。只有在弄清事实的基础上才能严格依照法律规定进行正确处理。

其次，就是在司法实践中，定罪、量刑、刑罚轻重以及办案程序等方面，都必须依照法律的规定，而不受行政机关、团体和个人的干涉。司法机关是执法的专门机关，肩负着人民的重托，只有不畏权势，不徇私情，严于执法，才能有效地保护人民，准确地惩罚犯罪，忠实地履行党和人民所赋予的神圣职责。

"违法必究"，就是对一切违法犯罪行为都必须认真查究，依法惩处，对谁也不能例外。所有公民，不论是党员还是群众，是一般干部还是领导干部，也不论社会出身、政治地位、宗教信仰如何，在法律面前一律平等。坚持违法必究，在运用法律上一律平等，是一项重要的社会主义法制原则。只有严格执行这项原则，才能有效地反对个人特权，才能保证法制的统一性和严肃性。

有法可依、有法必依、执法必严、违法必究，作为社会主义法制的基本要求，是相互联系、相互制约，统一而不可分割的几个方面，不能片面地强调某一方面，而忽视其他方面。历史的经验证明，只有切实做到有法可依、有法必依、执法必严、违法必究，才能维护正常的社会秩序、工作秩序和人民群众的生活秩序，巩固和发展安定团结的政治局面；人民的民主权利才能得到保证；才能更好地发挥社会主义制度的优越性，进一步巩固人民民主专政；才能有利于调动一切积极因素，有秩序地进行社会主义现代化建设事业。

4. 学习法律常识的意义和方法

新中国成立后特别是党的十一届三中全会以来，我国不仅对立法工作十分重视，而且在群众中反复进行法制宣传教育，号召有接受能力的公民，都要学习社会主义法律常识，并于 *1986* 年开始实施了"五普法"和"二五普法"工程，取得了显著成效。为什么党和国家向公民提出学法、普及法律常识呢？如何学好法律常识？

为什么要学法

公民学习法律常识是具有非常重要的意义的。可以从以下几个方面来说明：

第一，学法才能知法、懂法、用法。

我国社会主义法虽然从本质上来说是工人阶级领导的全体人民意志的体现，是人民自己手中的工具和武器，而且，在制定过程中，立法者也尽量注意到使法律通俗易懂。但是任何公民要真正能做到知法懂法，也还是要经过较长时间的努力学习。随着我国社会主义法制建设工作的不断深入，国家颁布的法律的数量越来越多，人们不是轻而易举就能掌握的，而且法律条文里边包含的自然科学等方面的知识也比较丰富，因此给学法者理解方面也带来了一定困难。因此，人们要更好地做到知法、懂法，就非得尽可能地掌握法律里所包涵的丰富的科学知识，弄明白有关的术语、词汇的基本意思不可，而要做到这一点，没有别的途径，只有花费一定的时间和精力去认真学习。

另外，随着我国社会主义法制的不断健全和完善，法律影响社会的广度和深度都在发展，"用法"成了人们的迫切需要。然而，现实生活中，许多人需要用法律来保护自己的时候，却不知道用法，不会用法，法律意识相当淡薄。主要原因是他们还不知法、不懂法，或知法不多，懂法不深。解决这个问题的办法只有一条，那就是积极响应党和政府的号召，认真学习法律常识，逐步做到知法、懂法，并且学会用法。

第二，学法才能培养社会主义法律意识。

法律意识也称法律观，它是人们关于法律的情感、信念、观点和思想等的总称。社会主义法律意识，是一种崭新的无产阶级的法律意识。作为社会主义国家的公民，除了应该具有忠于祖国和人民，贯彻执行党和国家的方针、政策，积极投身改革，努力为四化做贡献的政治意识外，还应该逐渐培养自己的社会主义法律意识，这也是非常重要的。公民的社会主义法律意识提高了，他们热爱和拥护我国现行法律的情感、信念才能加深，并且由自发上升到自觉。他们对我国现行法律的一些基本问题的认识，也才能逐步科学化、系统化。同时，他们用法律维护自己的合法权益，规范自己在劳动、工作、生活中的所作所为，同违法现象作斗争，以及遵守法律，保证法律实施等观念，也才能不断增强。这不仅对保护国家、集体和公民个人的合法利益，巩固安定的社会秩序，而且对维护社会主义法律的尊严和权威，都具有巨大意义。

第三，学法是做到守法的必要前提。

大家知道，社会上经常发生一些违法行为和犯罪行为。出现这种情况的原因是多方面的，其中很重要的一条，就是许多人从来不学习国家各项法律，因而也就根本不知法、不懂法，违了法甚至犯了罪，自己还不知道究竟。例如，杀害自己的孩子，砍伐国家森林，滥捕乱杀飞禽走兽，私拆别人信件，偷听别人电话，虐待迫害部属等等类似的违法犯罪现象，却不认为是违法犯罪的人不在少数。

可见，不学习国家法律，没有法律常识的人，就不会有自觉守法的观念，就难免做出违法以至犯罪的事情来。所以我们要想做一个知法、懂法、自觉守法的好公民，必须要学习法律常识，把学法、增强守法观念列入自己的议事日程，作为自己生活中一项不可缺少的内容。

怎样学习法律

学习法律同做其他任何事情一样，光有热情是不够的。如果没有明确的目标，适当的内容和正确的方法，那么，人们学法的热情就不会持久，要取得显著的成绩也是困难的。

第一，明确学法的目的。学习法律常识不只是关系到公民个人的事情，而且是我国民主和法制建设的迫切需要，是我国改革开放和现代化建设的客观要求。它对于促进我国社会主义物质文明和精神文明建设，维护社会稳定和国家的长治久安，都具有重大的现实意义和深远的历史影响。因此，每个公民都应把学法的目的同建设富强、民主、文明的社会主义现代化的伟大目标联系起来。学法的目的明确了，人们才能有长久的学习热情，也才能有克服困难的勇气和信心，这是学习法律常识的思想基础。

第二，选定适当的学习内容。

由于公民之间的文化程度、职业等方面的条件不同，因而，大家学习法律常识的内容也应有所区别。但是，我国的宪法、刑法、刑事诉讼法、民法通则、民事诉讼法、婚姻法、继承法、经济合同法、教育法、兵役法、未成年人保护法、妇女儿童保护法、治安管理处罚条例等与广大人民有密切的关系，大家都应当学习这些法律。

第三，要先学好宪法。

宪法是我国的根本大法和国家的总章程；宪法是我们国家整个法律体系的基础和核心，它包含了各个部门法律的基本精神和基本原则。特别应该强调的是，宪法明确规定了坚持共产党的领导，坚持社会主义道路，坚持人民民主专政，坚持马列主义、毛泽东思想的四项基本原则，是我们在当前和今后长时期内反对资产阶级自由化和国际敌对势力的"和平演变"，维护社会稳定的强有力的法律武器和思想武器。

学习宪法必须明确宪法的地位和作用，我国的国家性质、政治制度和根本任务，公民的基本权利和义务，国家机构的组织、职能及活动原则，国旗、国徽、首都等。并且懂得维护宪法尊严，保障宪法实施是每个公民的神圣职责。

第四，采取正确的学习方法。

公民学习法律常识，在方法问题上，要注意从具体条件出发，做到几个"结合"，即把学习法律条文与学习法律基础理论结合起来；把学习法律常识同学习文化结合起来；把学习法律常识的多种形式结合起来。学习法律的形式多种多样，主要有学习法律原文，经常看有关法律的报刊杂志、书籍，听法律宣传讲座，听广播、看电视、参观展览等。

总之，在全国普及法律常识的今天，学法的途径是多种多样的。每个公民应根据自己的文化程度、工作性质、时间安排等具体条件，尽可能地把各种学习形式结合起来，争取学好，努力做一个学法、知法、守法的好公民。

5. 法治是民主管理的必然方向

依法治班管理班级的实质

依法治班的实质就是在班上尽可能地推行民主管理，通过师生共同制订和遵守班规，形成一种新型的民主教育管理环境。在这种民主管理中，学生发挥主体作用，班主任只是遵守制度的成员之一，这在最大限度上体现了学生自主管理要求。依班规治班是民主管理、自主管理和依法管理在班级层面的生动体现。

依班规管理班级的好处

思想决定行动，观念决定成效，不同的管理思想，就会带来不同的教育效果。传统的班级管理是一种"人治"，"人治"最大的缺陷就是班主任的素质不同、水平不一，班级管理容易因为老师的个人好恶和性格差异受到影响，不利于学生成长。

依法治班则不同，它所建立的是一种理性的教育环境，即班主任的班级管理表现为一种规则意识、契约意识，班主任对学生的教育管理不再以个人好恶为转移，而是以制度为依据，更多地体现了现代教育的科学、民主、爱心和责任精神。

对班主任来说，依法治班最大的好处就是让学生学会自治，学会民主管理，从而让自己最大限度地解放出来，专心研究教育管理中的其他问题，避免成为学生的高级保姆。

对我们社会来说，依法治班最大好处就是为我们国家培养一大批富有科学、民主、爱心和责任意识的公民，让他们从学生时代起就认识到个人的权威是不足信的，要建设一个和谐社会，需要养成人人按规则办事的好习惯。

可以说，师生一起制订班规和遵守班规，是一种民主、自治和法治的先期操练，有利于培养未来公民的民主、自治和法治素质。

简言之，依班规管理班级能够把班级管理得井井有条，班主任比较省心，是一种有效、科学的管理方式。这种管理过程有利于培养未来公民的民主、自治和法治素质，又是一种成功的教育形式，是空洞、生硬的说教和灌输无法比拟的。

班规管理中的权力

这说明在我们现行的班级管理中，我们好些班主任还把自己凌驾于学生之上。事实证明，当我们一开始就对学生进行一种不平等教育时，这种教育是不成功的。

在民主治班的理念中，制度是最高准则。我们推行依法治班，班主任就要接受班规约束。我研究了很多卓越班主任的班级管理工作，发现凡是成功的班级管理，都会对班主任有一种约束：

比如说魏书生，就在自己班里设立了一个提醒老师制怒的学生监督员；李镇西也在班规中明确规定，班规不仅对学生有约束力，对班主任也有约束力。1987 年 11 月 29 日，李镇西就成为自己班规的"处理品"——他因为发火违反了班规，被罚扫地一天。郑学志在他制订的班规中，明确规定了班规对班主任也有约束力。

　　制度是管理人的工具，对管理者没有约束，那是"人治"；制度高于一切，管理者与被管理者一样受法律的约束，那才叫"法治"。

　　班规是一种游戏规则，如果对班主任没有约束，班主任带头破坏这种规则，这个游戏在学生看来就一点也不好玩，就玩不下去了。

谁是执法的主体

　　衡量一个班主任是否依法治班，只要看班规由谁来执行就可以了。由班主任来执行班规，班主任说了算，班级管理最终解释权在班主任，这种"法治"，说穿了还是"人治"，换汤不换药。

　　依法治班的主体应该是全体同学和老师，每人按照班规规定履行自己"那一部分"的职责，这才是真正意义上的法治。也只有这样，才能够真正地调动学生参与班级管理的积极性，才能够真正地让学生进行自治自律，学会自我管理。

班规的处罚细则

　　没有惩罚的教育是不完全的教育，我向来认为，只要有制度，就一定会有违反制度的惩罚。但是，我反对把班规搞成处罚细则。我认为班规最重要的功能还是教育功能，它通过我们主张什么、提倡什么来教育、引导学生。所以，班规里的处罚细则，更重要的应该是唤醒孩子对错误言行的认识，而不是刻意要对孩子进行处罚。

　　班规里的处罚细则太多，全是"不准"、"不许"，对孩子的教育意义不大。班规中一个重要的精神应该是奖励，通过奖励来表达我们对大家的未来期望。

　　事实上，在教育行为中，提倡、鼓励和适当的奖励往往会比单纯的处罚更有效。不知道大家注意没有，在那些成功的教育名家班规中，是没有惩罚细则的，如魏书生的班规基本上就是一个岗位职责，外加各种"常规"，什么一日常规、一周常规、一月常规、一学期常规，重心放在明确任务，引导生活。

因此，班规不能仅仅只表现为奖惩条例和量化规则，应该说，班规是美好班级生活的支柱，或者是通向美好班级生活的桥梁。

班规制订的原则性要求

班规制订的原则应该是民主、科学、实用和有教育意义。民主和科学不用解释了，实用性原则实际上就是一个可操作问题。如果你的班规不利于操作，即使能够坚持下来，我估计也是收效甚微的。比如说我们制订班规的时候，不能空洞地提出爱祖国、爱人民，这太空洞，没有实际行动，谁能够指责我不爱祖国、不爱人民呢？这一点就没有操作性。班规主要的目的是教育孩子，让孩子学会自我教育、自我管理，因此，教育性要求，应该是所有班规最终目的和根本要求。

如何处理学生抵触班规的情况

班规遭到抵触，说明我们制订班规的过程还不很民主。我们大家制订班规的时候，不要自我感觉良好，要注意孩子们的感受。

当我们的班规只是体现老师的要求，而不是学生自己的切身体会时，制订班规就是一种束缚，孩子们执行起来就会有抵触情绪。一个好的班规应该是孩子们自身的迫切需要，是他们为自己的生活环境制订的一个强有力的保障，而不仅仅是班主任的意见和要求。

当我们的班规遭遇学生反抗时，我们就要反思一下，是不是我们班规制订的过程不民主，是不是我们的班规内容没有体现最大多数学生的意志？如果是，我们需要修改，甚至推倒重来，而不是死命维护。死命维护只会活受罪。

如何处理爱心和班规的关系

教育是爱的事业，没有爱就没有教育，可以说爱是教育的灵魂。一个不爱学生的老师，无论他多么能干，多么有学问，我对他能够教育出卓越的学生一直都表示怀疑。相反，一个热爱学生的老师，他总会不断探索教育学生最佳途径的，因为爱，他会把教育事业做得有声有色。

有人说法不留情，但是我们却认为，一部公正的法律恰好体现了人间大爱，对违法行为的约束，其实就是对合法行为的呵护和爱惜；对强暴行为的约束和控制，就是对弱势群体的爱护和保障。

同样的道理，我不认为班规是对爱的制约，恰好相反，我认为一个合理合法、能够被绝大多数孩子认同的班规，恰好体现了我们班主任对学生的大爱。我们通过用班规纯洁孩子的思想、端正孩子的动机、养成孩子的良好习惯，体现了我们对孩子的真正牵挂和负责，这是我们老师的大爱。所以说，班规和爱心并不矛盾。

当一部班规处处体现出爱的精神，我相信那部班规，也一定是能够被孩子广泛认可，并充分发挥作用的好班规。而且，在更多的时候，爱心弥补了规则的不足，规则保护了爱心有效的发挥。一个很浅显的例子——惩罚。没有爱的时候，惩罚给人的感觉就是打击和报复，有爱却能够让孩子心服口服地接受，所谓"自己的孩子打不走"，就是这个道理。

我们必须学会用班规去保护我们对全体学生的爱，学会用爱去解决规则所不能够解决的教育问题。这才是对班规理性的认识。

成功的班规，本身就应该是学生集体智慧的结晶，我们要让学生成为班级管理的智慧源泉。由学生起草班规，这样有很多好处。

通过放手让学生自由自主地制订班规，从中可以发现班级管理人才。谁的班规制订得最周密，说明谁思考问题最严谨，处理相关事情的时候点子最多，能力也最强，那么，谁就最适合做新班的班长。由学生起草班规，能够弥补教师思维的不足。

学生是尚新的，他们喜欢不断尝试新事物，班主任拿不出新的东西吸引他们，班级工作就很难搞出特色。而由学生制订班规，往往能够让教师有意外的惊喜。所以说民主制订班规，就是集中学生智慧的过程。

6. 社会主义民主与法制建设教学设计

教学目标

（1）识记与理解　记住我国社会主义民主制度发展的表现；记住《中华人民共和国宪法》修订的时间和会议名称；记住我国社会主义法律体系框架包括的主要内容；理解我国实行社会主义民主的保证和作用；理解我国社会主义法律体系框架基本形成后的作用。

（2）能力与方法　通过对我国社会主义民主与法制建设特点的概括，培养学生的概括能力。通过对社会主义民主与法制内在联系的分析，使学生初步掌握历史联系和比较的方法。

（3）情感态度与价值观　通过对我国社会主义民主与法制建设的学习，认识民主法制建设对社会主义现代化建设事业的推动作用，进一步培养学生的民主意识和法制观念。

教学重点和难点

（1）重点

①我国社会主义民主发展的表现。

②我国社会主义法制建设加强的表现。

（2）难点

①我国社会主义民主与法制建设的关系。

②我国社会主义民主发展与法制建设加强的作用。

教法学法

教法，本课学习相对枯燥，名词、概念较复杂。在备课时，教师应当注意从生活、学习、时政等学生关心的方面来立意，深入浅出，提高教学效益。例如，从相关社会新闻入手，从《刑法》相关内容入手，从反腐败相关内容入手，从修宪相关内容入手，从政府机构改革相关内容入手等等，目的是为了提高学生的学习积极性。

教学手段

多媒体课件。

教学过程

导入新课：和前面的改革开放、经济发展等内容相联系，还应该和以前所学过的相关民主、法制内容，尤其是《共同纲领》、1954年《宪法》联系起来。民主和法制的联系和相互作用，至少在提出相关问题时给学生留出一定的思考空间来。在具体教学中，也可以利用有关班级选举班干部、《教育法》等相关内容导入新课。

（1）社会主义民主的发展 重点是讲述社会主义民主发展的表现，教材着重突出了"发展"一词。

建国初期我国就非常重视民主建设。1954年《宪法》的颁布，标志着社会主义民主政治制度初步建立起来，这一制度还需要在社会主义建设中逐渐完善和调整。十一届三中全会以来，随着改革开放不断深入的需求，党和国家一直在不断完善社会主义民主制度。表现在以下三个方面：

①人民代表大会制度的不断完善。

②政治协商制度的不断完善。

③基层民主的发展和不断完善。

"人民当家作主"是社会主义民主建设的终极目标。在教材知识结构中，是要求学生在实际生活中去体会现在的社会主义民主成果，去畅想以后更加民主的社会主义的未来。

①我国人大代表的选举制度。

②人大代表的日常工作内容。

③人民代表大会的监督权的行使。

④政协的地位。

在讲述中要注意围绕"实行和发展社会主义民主"这一核心，分析人民代表大会制度和共产党领导的多党合作政治协商制度的共同和不同作用。

对基层民主的发展，可以作简单的处理，只要讲清楚基层民主发展的表现形式，主要是居民委员会和村民委员会数量的发展和工作质量的提高就可以了。但根据学生的情况也可以进行深化和提高，例如可以解决这些问题，问题①《居民委员会组织法》、《村民委员会组织法》对居民委员会或村民委员会的发展和日常工作有什么作用？简略地探讨民主与法制的关系，也为导入下一目的讲述做了准备。问题②"村官"或"街官"是怎样产生的？他们平常主要做什么工作？学生的答案可以灵活多样，可以以身边熟悉的人或事作答，不必拘泥于教材内容。

（2）社会主义法制的加强

①社会主义法律体系建设

时间是"粉碎'四人帮'以后"，都说明了在 1976 年以前的十年动乱中，我国的社会主义民主和法制遭到了严重破坏。这样，在粉碎"四人帮"后必须尽快地重建和完善社会主义民主和法律体系。

《中华人民共和国宪法》是 1954 年颁布的，之所以要在 1982 年修订，最主要的原因是必须适应新时期的发展要求。

新宪法"是我国新时期治国安邦的总章程"，宪法是一个国家的根本大法，一切具体的法律、法规都必须在不违背宪法基本原则下制定，因此，新宪法是现在我国社会主义法律体系框架的指导总则和核心。

社会主义法律体系框架的"基本形成"有两个含义：

其一，指 20 多年以来我国一直在努力构建这一体系框架，并取得了明显的成效；

其二，指这一体系框架还有待进一步完善和加强，需要继续探索和努力。社会主义法律体系框架的"中国特色"，主要指的是这一体系框架适应了新时期的政治、经济、文化发展，社会主义法律体系框架基本形成的具体表现，按社会生活的各个方面横向来讲述，包括宪法、民法、商法、刑法、行政法等法律规定涉及的大致内容，或以事例特别是个别具体的、特殊的事例来说明我国法律体系框架的基本形成。例如某人进行经济合同欺诈后法院判决的法律依据，或某人遭受交通事故要求赔偿的法律依据等等。

教材列举了《中华人民共和国刑法》和《中华人民共和国民法通则》，详细地叙述了两部法律文件的制定时间和主要内容，再加上题图表现的《固体废物污染环境防治法》，有效地传达了这样一个信息：我国社会主义法律体系框架已经涉及政治生活、经济生活和社会生活各个领域，我国已经基本实现"有法可依"。

②依法治国

既然"有法可依"，那么能否做到"有法必依"、"执法必严"和"违法必究"呢？教材的最后则解答了这个问题，阐明了执法原则，突出了典型事例，完整地交代了社会主义法制建设的加强。教材以陈希同、成克杰、胡长清等高官利用职权进行犯罪而受到法律严惩为例，强调法律面前人人平等，违法必究，以维护法律的尊严。

教材最后的小字讲述了"法律援助"的大致情况，一方面突出了我国社会主义制度的优越性；另一方面则是指导学生要把我国社会主义民主与法制建设有机地结合起来思考、分析，学会客观地分析和评价历史问题。

小结和提高

（1）对法制建设作一个小结　利用教材内容，指导、帮助学生明确：我国法制建设的加强，主要表现在以宪法为核心的社会主义法律体系框架基本形成、各级司法部门坚持"执法必严""违法必究"和法律面前人人平等的原则、帮助困难群众法律诉讼等方面。

（2）对理论和知识的提高　就是让学生基本理解社会主义民主和社会主义法制的相互关系。基于这个年龄段学生的认知水平和接受能力，教师应注意不要绝对的理论化和完整化。根据本课内容，有这几个切入点可参考：

①社会主义政治制度对民主是怎样提供法律保障的。

②居民委员会组织法、村民委员会组织法等法规对居民委员会或村民委员会的发展和日常工作有何作用。

③一些重要的法律法规是怎样出台和颁行的。

④法律援助的实施和社会主义民主有怎样的关系等。

（3）让学生思考问题　我国的人民代表大会制度怎样保证了人民当家作主的权利：人民代表大会是我国的最高国家权力机关，而人民代表大会行使哪些权利？人大代表是怎样产生的？人大代表的日常工作是什么？解决了这一系列问题，就对人民代表大会制度保证人民当家作主的权利有了清晰的认识。

具体说来，我国的人民代表大会制度保证人民当家作主的权利体现在：人大代表是国家权力机关的组成人员，由选民直接选举，代表人民的意志依法行使立法权、监督权、重大事项决定权、人事任免权。人大代表广泛听取人民群众的意见，反映人民群众的呼声和愿望。

我国基层民主是怎样发展的？基层民主的发展说明了什么？首先，要注意给学生一个明确的概念：基层民主的表现形式主要是居民委员会和村民委员会，它们的建立、扩大和日常工作都离不开相关法律法规的颁布实施。有关基层民主发展说明的问题，应紧扣"人民当家作主"来展开。具体说来，我国基层民主的发展主要体现在我国农村和城镇基层民主的进一步扩大。基层民主的发展有力地保障了城乡人民当家作主的权利。

中国特色的社会主义法律体系框架基本形成的具体表现。中国特色的法律体系框架是以宪法为核心的，包括民法、商法、行政法、刑法、经济法等法律部门，在政治、经济和社会生活的主要方面，都已做到了有法可依。可以我国的刑法和民法通则为例说明。

我国是怎样坚持法律面前人人平等原则的？你能用自己熟悉的发生在身边的事加以说明吗？坚持法律面前人人平等原则，要从两个方面来思考：一方面保障公民的基本权利和义务。如受教育的权利和服兵役的义务。另一方面，违法者一律绳之以法。如某些领导干部触犯了法律受严惩。

与青少年朋友谈民主与法治。关于"民主"一词，人们常在不同意义上使用，如行使民主权利，解决问题的民主方法，干部的民主作风，少数服从多数的民主集中制原则……这些无疑讲的都是民主，但不是民主的全部涵义，只不过是民主派生出来的某种具体表现。从根本上讲，民主是一种国家制度。列宁把民主界定为一种国家形态，"民主是一种国家形式，一种国家形态。因此，它同任何国家一样，也是有组织有系统地对人们使用暴力，这是一方面。但另一方面，民主意味着在形式上承认公民一律平等，承认大家都有决定国家制度和管理国家的平等权利。"所以只有从国家制度上来认识民主，才能全面了解民主的涵义。

"民主"是与"专制"相对立的概念。在专制条件下，权力成为某个人或一小部分人专有的财产，对权力的制约自然无从谈起。而在民主制度下，国家权力成了全体人民的共有财产，人民自然都有权利监督这种财产的合理使用，如果共有财产的管理人（政府及其官员）违背了人民的意志滥用权力，人民就有重新选择权力者的权利。法治是与民主紧密相联系的，现代社会的法治是民主政治的产物，只有在以民主的制度为基础的社会里，法治才能在真正意义上得到实现。那么什么是法治呢？

首先，我们说，法治是一种宏观的治国方略。作为一种治国方略，它是指一个国家在多种社会控制手段面前选择以法律为主的手段进行控制，而不是其他手段，即"依法治国"。

其次，法治是一种民主基础上的制度模式。法治社会需要一整套完备的法律制度，但有了法律制度并不一定就是法治社会。法治并不必然是民主的，它完全可以为专制制度服务。这就可以说明为什么中国古代封建法制纵然发达，却仍然不能称为"法治"国家。而法治正是指与民主相结合的法制模式，法律通过民主的手段制定，法律首要的目的是保护人民的权利。

第三，法治是一种理性的办事原则。法律是人们事先设定的规则，具有稳定性、连续性、普遍性和一致性，在制定法律之后，任何人和组织均受既定法律规则的约束，即依法办事。

第四，法治体现了一系列价值的法律精神。这种价值和精神包括：法律至上，即当法律与权力发生冲突时，应当服从法律而不是权力者个人的意志；善法之治，即通过民主的手段制定科学的体现人民意志的法律是一个基本的前提；权利本位，即人民的利益是最高的法律，法治的最终目的不是别的，而是人民的利益、公民的权利；平等适用，即法律面前人人平等；权力制约和正当程序，即权力必须受到制约，权力的行使要受到法律的制约，尤其要受到法律程序的制约。

第五，法治还是一种理性的社会秩序。法治所追求的目标是一种理想的社会结构和社会秩序，因此它必然不是一个一成不变的确定状态，而是一个不断探索和不断实践的过程，具有由低到高发展的阶段性。

"法治"是与"人治"相对的概念。所谓人治，最基本的特征是当权者的个人意志超乎法律之上，处理事务和管理社会生活，完全以个人的意志、愿望、能力、政治素养、知识水平、道德品质为转移。实行这样的统治，带有很大的随意性和很强的专横性。两千多年来，中国传统社会陷入一治一乱的王朝循环和普遍腐败之中，究其根本原因在于制度的不合理，即我们几千年沿袭的是人治的、专制的制度。这种制度看似强大有效，实质却很脆弱，人存则政举，人亡则政息。人治的专制的制度是古代中国治乱循环、近代中国屡遭失败的根本原因。中国只有走向法治的民主的现代文明的社会，才能保持长期的社会稳定，实现国家的现代化。"法治"总是与国家和社会的昌盛相连结，总是促成"盛世"的重要条件和保证。

　　党的十六大提出"扩大社会主义民主，健全社会主义法制，建设社会主义法治国家"的方向和目标。那么什么是社会主义民主和法制？社会主义民主是主权在民、人民当家作主的制度，社会主义法制就是制度化、法律化的社会主义民主，是真正意义上的人民当家作主的民主和平等保障公民基本权利的法制。社会主义民主决定了社会主义法制的性质和内容，而后者是前者的必要表现和保障。

　　什么是社会主义法治？社会主义法治根本不同于专制社会的镇压人民、制御百姓的法制。建设社会主义法治国家，意味着：有法可依，有法必依，执法必严，违法必究；宪法至上，维护法律尊严；以法律规范一切政治、经济、社会行为，保护公民权利；法律面前人人平等，实现法律的正义、平等、公平；司法独立；政府和公职人员严格依法行政、依法办事；民主生活法治化，政权转移程序化；所有的政党、组织都没有超越宪法和法律的特权；全体公民具有良好的法律意识和法律素质；法律与WTO接轨，与现代文明接轨；社会既稳定和谐又进步发展，既有效率又有公平，既崇尚法治、科学的权威，又充分尊重民主、人权，保障人的尊严与幸福。

　　社会主义民主建设从根本上要求我们实行法治，建设社会主义

法治国家。因为，

其一，没有民主就没有社会主义，而法治是社会主义的根本保障。社会主义法治是社会主义政治制度趋于完善的重要标志。

其二，社会主义市场经济从客观上要求我们实行法治，不实行法治就难以保证社会主义市场经济的建立和运行。所以建设社会主义法治国家是社会主义市场经济的内在要求。

其三，社会主义精神文明本身就包括着对法治思想的内在要求，是繁荣科学文化事业的重要保证，同时法治还能促进社会全面、协调、持续地发展。

其四，社会主义国家的稳定、人民生活的幸福安宁，也要求实行法治，建设法治国家。

其五，社会主义对外交往事业日益发展，对外开放向我们提出了法治的要求。

其六，社会主义的终极目标要求各种制度，包括法律制度充分体现对人的关怀，只有实行法治，才能保障人权，体现对人的尊严的尊重和爱护。

实践也证明，中国迫切需要完善社会主义民主与法治。作为一个封建统治历史悠久的国家，旧中国留给我们的，封建专制传统比较多，民主法制传统比较少。"为政在人"的积习很深，如果不对人治和人治思想进行彻底的清算，我们很难真正树立起法的权威。建国以来，特别是党的十一届三中全会以来，我们党在解决"人治"问题上采取了各种措施，这是有目共睹的。

但是，由于社会主义制度还不完善，人治和人治思想依然有它的市场。要真正做到"使这种制度和法律不因领导人的改变而改变，不因领导人的看法和注意力的改变而改变"，真正做到"有法可依，有法必依，违法必究，执法必严"和"法律面前人人平等"，树立至高无上的法律权威，就必须彻底摒弃人治，实行法治，保证人民当家作主，由人民自己管理国家、经济、社会、生活。这也是社会主义民主政治的本质所要求的。

建设民主和法治是近代以来我国几代人的梦想，也是青少年朋友将来的任务和义不容辞的责任。

我国走过的法治建设的道路可谓艰难曲折、教训深刻。建国初期，民主和法制建设曾经有过一个比较良好的开端，只可惜好景不长，接连不断的政治运动使得一切法制建设都趋于停顿，已有的法律也只是一纸空文。直到党的十一届三中全会以后，邓小平同志提出了"发展社会主义民主，建设社会主义法制"的民主法制建设方针，中国的法治建设才逐步恢复并发展起来。

在我国新时期的法治建设历程上，中国共产党的两次重大决策对我国的法治建设产生了深远影响。第一个决策就是 1992 年中国共产党第十四次代表大会作出了"建立社会主义市场经济"重大决策。市场经济是建设法治社会的基础，没有发达的市场经济，既不可能有发达的政治民主，也不可能培养出强烈的主体意识，更不可能建成发达的法治社会。

事实也证明，市场经济体制确立之后，由于理论上的一些关系得到了澄清，法制建设的步伐也加快了，市场经济的立法得到迅猛发展，司法改革也逐步走向深化。第二个决策是 1997 年中国共产党第十五次代表大会提出了"依法治国，建设社会主义法治国家"这一目标。这比"发展社会主义民主，加强社会主义法制"的目标更进了一步。

当代中国依法治国的方略已选定，法治国家的目标已经明确，推行法治的条件也日臻成熟，我国的法治建设正在大踏步前进，这主要体现在：从无法可依到有法可依再到社会主义市场经济体系的初步建立；从民主制度的不完善到完善，再向民主制度的真正落实转变；从行政权力缺乏制约到行政执法制度的初步建成，再到行政法治实现；从司法制度不健全到初步建成，再走向健全而公正的司法制度；从执法人员数量缺乏到建成一支基本适应社会需要的执法队伍，再到高素质执法队伍的建成；从公民法律意识淡薄到全民普及法律知识，再走向全民法治观念的树立……。但是要建成完善的民主法治社会，还需要所有的人付出很大的努力。

青少年朋友是祖国的未来，是将来法治建设的参与者和实践者，因此努力学习法律知识，提高对社会主义民主和法制的认识，自觉树立法治观念和法律意识，培养遵纪守法的美德，做一个知法、守法、护法的公民，对身心的健康成长、对我国的法治建设都具有重大的意义。

法律是社会中所有的人都应该遵守的行为规范，就像道德规范一样，每个公民都应该从小接受一些基本的道德和法律观念的教育，自觉不断地学习法律。

现在全国上下都在学法，干部在学法，群众在学法，教师在学法，各行各业都在学法，广大青少年朋友也应该在老师的帮助、指导下，接受法制教育，努力学习法律知识，培养法律意识。尤其要树立公民意识。公民意识，主要是指公民作为国家的一个成员应有的主人翁或民主意识，它是法律意识的基础。它具体表现为公民参与社会管理和民主生活的心理、态度、知识和观点，表现为学法、知法、守法和护法的心理、态度和观点。

如果没有公民意识也就不会自觉培养和树立法律意识。虽然一部分青少年还未成年，不享有选举权和被选举权（我国法律规定只有年满18周岁的公民才享有选举权和被选举权），但公民意识却要从小培养。作为社会的成员，任何时候都需要以一种主人翁的精神来参与社会民主管理，遵守国家法律，没有这种意识，法治根本无从谈起。法治的维护离不开公民的积极参与和依法抗争。民主本身就是要求公民具有当家作主的意识，积极地行使自己当家作主、选择和监督社会管理者的权利, 当公民的权利受到权力的侵犯时, 就要敢于维护自己的合法权益。"为权利而斗争", 没有这种充分的主体意识, 法治仍然可能只是纸上谈兵或是空中楼阁。

其次是树立权利义务意识。了解自己可以享有的权利, 这是树立法律意识的前提条件。了解权利可以实现的途径, 敢于维护自己的合法权益。知道自己享有什么权利只是前提, 关键是要在知道自己的权利受到侵害时该怎么办。了解并履行自己应尽的法律义务。在法律上权利和义务从来都是统一的。任何权利都是有限制的, 义务就是权利的合理界限。不实行法律规定的义务, 就会受到法律的追究。

7. 民主与法制在班级管理中的作用

怎样把一个班级管理的井然有序, 在各项工作有条不紊地开展同时, 又能使班级具有活力和凝聚力, 这是每一位班主任追求的目标。要想实现这一目标, 班主任在日常班级管理中首先要树立学生的主体观念, 在发扬民主管理班级作风的基础上, 要有明确管理班级的计划, 并要建立一套完善的治理班级的"班法班规"。以下笔者将谈一谈当班主任的一点个人经验。

要做一个民主型的班主任

班主任一般可分为三种类型, 一是大权独揽型, 二是放任自流型, 三是民主型。

(1) 大权独揽型班主任的特点　面孔威严, 在学生面前说一不二, 经常大声地训斥犯错的学生。这种类型的班主任所管理的班级必然是一个专制型的集体, 生活在这样集体里的学生情绪紧张, 防范意识强，在班主任面前老老实实，好像是一个听话孩子，一旦背离班主任就换成了另一副面孔。久而久之，班集体造就了一批阳奉阴违的小"阴谋家"。

（2）放任自流型班主任的特点　班级管理目标不明确，同时缺少班级管理的好办法。在班级出现问题时，敷衍了事，得过且过。这种类型班主任管理的班级，学生的纪律涣散，违反校规的现象时有发生。

（3）民主型班主任的特点　有完整的治理班级计划和具体办法，也就是前面所说的治理班级的"班法班规"。在制定这些"班法班规"时，鼓励学生大胆参与，让学生有表达自己建议，参与班级管理的机会，使学生创造力得以充分发挥。这样出台的班级"法律法规"符合学生生理和心理特点。所以管理好班级首要条件是班主任要做一个民主型的管理者。

班级要以民主程序"立法"

依法治班是管理班级最好的方法，这里的"法"是一系列班级规章制度。在我班就建立这样一套"班法班规"，如《班长的权利与义务》、《生活委员的工作职责》、《体育委员的工作职责》、《文艺委员的工作职责》、《学习委员的工作职责》、《团支部书记工作职责》以及违规违纪处理条例等。制定这些"法律"时要讲民主，要认真听取学生的建议，并要求当事人主动参与制定。我班在制定《班长的权利与义务》时，班主任给出一个框架，班长本人拿出初稿，经过必要的修改后，再召开班级听证会，广泛听取其他同学意见后再做修改，最后形成定稿，并张贴在班级专栏里。这样班长在管理班级时就有了"法律"依据。其余的"法律"制定的程序基本相同。由于"立法"民主，会使学生感到：班规班纪我制定，班规班纪我遵守。下面是我班同学制定的部分"法律"。

（1）班长的工作权利和义务

①负责班级各项工作的开展。

②做好班主任的助手，及时传达、落实学校及班主任对班级活动的要求。

③当班主任不在时，要代行班主任职责。

④有权对违反班规班纪的同学给予批评教学，必要时上报班主任。

⑤有权对表现好的同学给予表扬，并上报班主任。

⑥负责组织班委会成员开展各项工作。

我班班委会常务委员除班长以外，还设置了生活委员、体育委员、文艺委员、学习委员、团支部书记各 1 名。另外按学号每位学生轮流当一天值日班长。

（2）值日班长的职责

①负责当日的课堂纪律，注意观察上课有无讲话、玩手机等影响课堂纪律的不良现象，如果有，请及时予以制止并记录。

②对当天迟到、早退现象予以记录。

③协助卫生委员，带领值日生搞好当日的卫生工作，每天要使班级、寝室窗明几净，一尘不染，对在值日中表现好的和不好的学生都要予以记录。

④协助体育委员组织学生做好晨练、课间操、眼保操，对迟到、不认真做操者予以记录。

⑤协助文艺委员组织学生唱国歌、校歌、班歌。

⑥工作结束后，写一份工作小结交给班主任。

（3）文艺委员的职责

①负责班级的文艺活动，组织学生积极参加学校各项文艺活动，并争取获奖。

②每天早晨组织学生唱国歌，中午、下午、晚自习利用课余时间组织学生唱校歌、班歌，对在唱歌时迟到、表现不认真者有处

罚权。

③每两周教唱一首新歌，新歌的内容要健康向上。

④负责班级迎"国庆"、"元旦"文艺节目的编排和导演工作。

以上是我班部分的"法律"，为了使这些班干部更好地依法开展工作，还制定了一些设施细则和违章处罚标准。这些构成了我班一套完整的班级"班法班规"体系。

班级管理要有法必依，执法必严

再完善的法律，如果执法不严，也只是一个摆设。所以严格执法是班级管理的重中之重。严格执法要建立监督体制，我班的监督体制是：班主任、普通学生督促班干部要带头遵守班规班纪；班干部监督同学；班干部之间互相监督。使班级所有学生，无论是干部还是学生在"法律"面前人人平等。在处理班级事务时"法"说了算。现就举出我班依法治班几个小例子。

（1）班长依法办事的事例我校每周进行一次大扫除，大扫除结束后，学校要组织一批人员到各班级的教室和寝室检查，并打分。满分是30分。班规规定如果得分在28分以下要对有关人员进行处罚，有关人员首先是卫生委员。有一次，我班因教室窗台未擦干净扣2分，垃圾桶没有冲洗又扣2分，只得了26分。班长王莲根据班规处罚了生活委员刘佳同学，在班长和其他同学的监督下，刘佳同学整整擦了一个星期的窗台，洗了一周的垃圾桶，直到下次我班在卫生大扫除中得了满分才撤销处罚。而这两位平时关系很好，她们来自同一所初中，并且当时一直是同桌。

（2）文艺委员执法事例在激发人的热情和斗志方面，歌曲的力量不可小视，一首《义勇军进行曲》在抗战时，召唤了一批又一批工人、农民、知识分子走向战场，至生命于不顾，拿起武器，打击侵略者。所以为了激发我班同学的斗志，增强信心去克服困难，努力学习，班"法"规定：文艺委员每天要带领大家唱三支歌。如果在唱歌时有迟到者，或不严肃、认真者由值日班长记录，文艺委员有权对其进行处罚。处罚的方式是：等大家合唱完后，由受罚者一人独唱，直到文艺委员满意为止。一次中午唱歌时，张甜甜同学迟到了一会，按班规要接受处罚。可这位同学是一个害羞的孩子，唱歌好跑调，当文艺委员要求她在讲台上独唱时，她满脸通红，愣愣地站在讲台上不知所措。这时文艺委员灵机一动，带领大家一起鼓掌给她加油，并给她起了个调，她这才故作勇气，大声唱了起来。

班级管理民主与法制的关系

班级管理民主与法制是相辅相成的，民主是法制的前提。在我班主要体现在：

（1）班委会成员的产生民主我班班干部产生首先是个人申请，经班主任初审后，申请人向全班同学发表演讲，由全班同学选举，被选举的同学试用期为三周，在试用期内，不合格者被淘汰，再重新选举。

（2）班级大事通过民主议事决定对班级大事，像广播操比赛、校运会等，如何组织学生训练要由体育委员、班长在广泛征求其他同学的建议后，讨论定出方案，然后执行。

法制是民主的保障，班级实现了"事事都有法可依"，"人人都依法办事"，这样就避免了班级出现"特权阶层"。班主任、班干部、普通学生之间才能建立真正的平等关系，一个民主的、和谐的、积极向上的班集体就会呈现在班主任的面前。

如果坚持以"法"治班，当班主任是一种享受。

8. 违法行为及其危害

违法与守法，这是两个在内容上截然相反的概念。在了解了守法的原因、含义及怎样做到自觉守法之后，再来看看违法行为及其危害，这对于我们更加自觉地做到守法，会有一定的借鉴和教育意义。

违法行为的含义和构成

一般说来，违法行为是指一切不符合国家法律所要求的，超出法律所容许的范围以外的活动。以行为的实质及其法律特征方面来考察，可以看到违法行为是由以下三方面的因素构成的。

第一，违法行为是违反现行法律规范规定的行为。我国制定法律的目的在于指导、约束和调整人们的社会行为，维护符合工人阶级和全体人民利益的社会关系。法律对人们行为的要求，是通过法律规范来体现的，所以法律规范所规定的行为的内容（即行为模式），就成了衡量人们的行为是否符合法律要求的标准或尺度。因此可以说，凡是违反了法律规范的规定，破坏了法律所保护的社会关系的行为，或产生了法律所禁止的行为，就是违法行为。

在认识违反现行法律规范的规定，是违法行为的重要含义和内容的时候，应该注意两点：

一点是，违法行为本身，可以通过积极的作为表现出来，也可以通过消极的不作为表现出来。积极作为，如书写标语、传单、行凶杀人、盗窃抢劫、无照驾驶机动车辆、以废品及次品充当正品向买方供货等等；消极的不作为，如对于年老、年幼、患病或其他没有独立生活能力的人，负有抚养义务而拒绝抚养；负有纳税义务的人，拒绝纳税；负有逮捕犯人职责的公安干警，拒不执行命令等等，这些行为都是违法行为。

另一点是，人们的行为，不论是作为还是不作为，一般都要通过人们的思想活动。但是，单纯的思想活动，并不能构成违法。即使某个人确有要干违法事情的思想，比如想偷、想骗、想重婚等，但如果他没有实施这些行为，那么，就不能说他违法。只有当他把这种思想表现为外在行动时，才可能构成某种违法行为。因此，特别要注意思想问题和违法行为的界线，我国社会主义法制原则不承认思想犯罪。

第二，违法行为是行为人出于故意或过失造成的，即行为人主观方面有过错。人们的行为，一般都要受一定思想的支配。任何违法行为的发生，一般也都出于行为人一定的违法心理状态，是各不相同的。概括起来，可以分为故意和过失两种形式。

行为人明知自己的行为，会发生危害社会或危害他人的结果，而希望或者放任这种结果的发生，在这种心理状态支配下的违法行为，是故意违法。例如，为了谋财，持枪向身带巨款的人头部射击；为寻开心，向行驶中的公共汽车投掷石块或用猥亵的语言、举动调戏妇女等行为，都是故意违法行为。行为人应当预见到，自己的行为可能发生危害社会或危害他人的结果，但由于疏忽大意或轻信能够避免，而使危害结果发生了，在这种心理状态支配下的违法行为，是过失违法。例如，火车站报站员在值班时外出买东西，轻信能够及时返回执行任务。但实际并未能如愿而使列车相撞，造成事故，这种违法行为就是过失违法；又如某纳税人，由于疏忽忘记了纳税日期，而没能在规定的时间内将应纳税款缴入国库，这也是属于过失违法。

综上可见，凡是违法行为，都是由于行为人有故意或者过失的主观过错而引起的；如果行为人主观上没有过错，而不属于故意，也不属于过失，那么，他的行为就不是违法行为，比如，火车报道员，由于被匪徒捆绑而不能执行任务，造成事故，他的这种行为就非故意，也非过失，所以不能说是违法。

第三，违法行为人必须达到法定责任年龄和具有责任能力的人。

我国刑法中规定，已满 16 周岁的人犯罪，应当负刑事责任。已满 14 周岁不满 16 周岁的人，犯杀人、重伤、抢劫、放火、惯窃和其他严重破坏社会秩序罪，应当负刑事责任。已满 14 周岁不满 18 周岁的人犯罪，应当从轻或减轻处罚。精神病人在不能辨认或者不能控制自己行为的时候，造成危害结果的，不负刑事责任。间歇性的精神病人，对自己在精神正常时作出的行为，应负刑事责任。在民法中，18 周岁以上的公民是成年人，具有完全民事行为能力，可以独立进行民事活动，是完全民事行为能力人。16 周岁以上不满 18 周岁的公民，以自己的劳动收入为主要生活来源的，视为完全民事行为能力人。十周岁以上的未成年人是限制民事行为能力人，可以进行与他的年龄、智力相适应的民事活动。不满十周岁的未成年人是无民事行为能力人，由他的法定代理人代理民事活动。不能辨认自己行为的精神病人是无民事行为能力人，由他的法定代理人代理民事活动。不能完全辨认自己行为的精神病人是限制民事行为能力人，可以进行与他的精神健康状况相适应的民事活动。

在行政法中，如治安管理处罚条例规定，不满 14 岁的人违反治安管理的，免予处罚。

以上构成违法行为的三个方面的因素，是互相联系，不可分割的。在认定违法行为时，必须全面地、综合地进行分析，弄清一个人的行为是否具备构成违法行为所必须具备的上述三个方面的因素，这样才能正确地认定违法行为。

违法行为的分类

第一，刑事违法。在我国，犯罪主要可分为八大类：即反危害国家安全罪；侵犯公民人身权利，民主权利罪；侵犯财产罪；妨害社会管理秩序罪；妨害婚姻家庭和渎职罪。总的来说，犯罪是一切违法行为中最严重的一种，但不同的犯罪行为，对社会的危害程度又有轻重之分。第二，民事违法。民事违法是指违反了民事法律、法规的有关规定，应当追究民事责任的行为。例如，非法占有、使用、处分或损坏了其他组织、个人的财产；与其他组织和个人依法签订经济合同后，不履行或者不完全履行自己的义务等等。

第三，行政违法。行政违法是指违反了国家行政法律、法规的行为。行政违法行为包括两种情况：一种是国家工作人员执行公务时的一般违法行为，例如，不服从上级决定、决议、命令，压制批评、打击报复；丧失立场、包庇坏人；腐化堕落，损害国家机关威信等等。另一种是社会组织和公民违反国家行政管理法规的行为，如公民违反治安管理处罚条例的规定，在城市任意发放高大声响，影响周围居民的工作和休息，不听制止等等，都是行政违法行为。

第四，违宪。宪法是国家的根本大法，具有最高的法律效力，是其他法律、法规的立法根据。因此，上述一般违法行为和犯罪，从原则上讲，也是违反宪法的，但这并不是特定意义上的违宪。违宪，一是指国家机关制定的法律、法规、决定、命令、决议，以及采取的措施与宪法的内容和原则相抵触；二是指主要的国家机关领导人，在行使职权过程中的行为与宪法的内容和原则相抵触。

违法行为的危害

对于违法行为的危害，可从以下几个方面来认识：首先，从政治方面来看。第一，威胁我国人民民主专政的国家政权。在各种违法行为中，刑事违法——犯罪的社会危害性最大，而在犯罪行为中，又以危害国家安全罪为最严重。因为危害国家安全罪是以推翻人民民主专政和社会主义制度为目的的犯罪，是危害中华人民共和国的行为。社会上极少数敌对分子，为了实现他们的反革命梦想，采取各种形式进行破坏、捣乱。他们有的张贴标语、散发反动传单；有的组织反革命集团、持枪抢钱阴谋上山"打游击"等等。第二，破坏国家安定团结的政治局面。

安定团结的政治局面，是我们进行社会主义现代化建设的必要条件，而许多违法行为，特别是刑事违法行为，是对安定团结的直接破坏。危害国家安全罪的破坏作用，是严重而明显的，其他许多刑事犯罪，也在不同范围和不同程度上，破坏国家安定团结的政治局面的巩固和发展。

其次，从经济上看。我国的经济是以公有制为主体的社会主义经济。社会主义经济的发展是实现我国现代化和提高人民生活水平的物质保证。改革开放十几年来，我国经济得到了飞速发展。为了保障社会主义现代化建设的顺利进行，打击经济领域里的犯罪行为，国家颁布了一系列的法律法规，惩治了形形色色的经济犯罪，为国家挽回了巨大损失。比如，其他的一般违法行为和犯罪行为，也会给我国国民经济造成巨大损害。

再次，从精神文明方面看。党的十一届三中全会以来，我国在取得物质文明建设巨大成就的同时，十分重视社会主义精神文明建设。党的十四届六中全会通过的《中国共产党关于加强社会主义精神文明建设若干问题的决议》为新时期精神文明建设提出了任务，指明了方向。我国宪法也规定，国家通过多种形式，加强社会主义精神文明建设。然而，现在社会上仍然有那么一些人，视国家法律、法规于不顾，破坏社会主义精神文明建设，造成了极为恶劣的影响和严重的后果。例如制黄贩黄，屡禁不绝；有些地方，赌博盛行；吸毒贩毒，情况严重；还有些地方封建迷信死灰复燃，愚弄群众……这些违法犯罪行为，毒害人们思想，腐蚀人们心灵，败坏社会风气，是与社会主义精神文明建设水火不容的。

9. 违法行为的发生及制裁

违法行为的发生

违法行为本身是复杂的，造成违法行为发生的原因也是复杂的。

一般说来，违法行为作为一种社会现象，它的产生既有社会根源，又有客观原因和主观原因。任何一种具体的违法行为的发生，都是这些根源和原因综合作用的结果。

违法行为发生的社会根源 为了论述方便，我们从违法行为中最为典型的部分——犯罪行为谈起。我们国家是社会主义国家，它本身并不是犯罪产生的社会根源。但是，为什么在我国还有犯罪现象呢？

犯罪是阶级社会的一种社会现象，它和法一样，不是从来就有的，也不是永远存在下去的。犯罪是人类社会发展到一定阶段，有了私有制之后，随着阶级和国家的出现而产生的，是人剥削人的私有制度的产物。我国现今仍有犯罪现象存在，从社会根源上讲，有这样两个方面：

一方面，我国虽然早已实现了对生产资料私有制的社会主义改造，早已消灭了剥削制度和剥削阶级。但是，一定范围的阶级斗争在我国还将长期存在，同时我国还处在复杂的国际环境中，少数敌对分子以及国外某些敌视我国社会主义事业的势力，还会对我国进行颠覆、破坏活动。这是我国还存在危害国家安全罪以及放火、决水、爆炸、投毒、凶杀等重大刑事犯罪现象的社会阶级根源。

另一方面，解放前的旧中国，是一个半封建、半殖民地的国家，封建主义思想、资本主义思想和其他腐朽思想的影响，是极为广泛和深刻的。所以，封建主义的专制思想、特权思想、行邦思想、男尊女卑思想、迷信思想，以及资本主义的好逸恶劳、损人利己、尔虞我诈、唯利是图、享乐腐化等极端个人主义思想，还将在新社会里长期存在，并且不断地侵袭人们的头脑、腐蚀人们的心灵，这是产生贪污盗窃、抢劫诈骗、走私贩私、流氓团伙等一系列犯罪的重要原因，是我国还存在犯罪现象的思想意识根源。

违法行为发生的客观原因 我们是历史唯物主义者，我们认为存在决定意识，人的违法行为也是在一定的社会环境里才能发生。所以某些不良的社会环境以及我们工作中一些环节的缺陷，都是影响和使得某些违法行为发生的客观原因。概括地说，当前我国这种客观原因主要有以下几个方面：外来资本主义腐朽思想及生活方式的侵蚀；社会主义市场经济体制的建立过程中，政治思想工作，法制宣传工作和各方面的管理工作，难以全面地、及时地跟上去；经济文化相对落后，不能充分保证青少年升学、就业；社会、学校、家庭在青少年教育工作中存在很多缺陷和薄弱环节；对违法犯罪行为的制裁，有时不够有力、不够及时等等。

应该注意的是，上述各种原因对于不同的违法行为和违法行为人的作用和影响是各不相同的，不可一概而论。

违法行为发生的主观原因　违法行为发生的主观原因有目的动机方面的原因，也有法制观念方面的原因。

首先，目的动机方面的原因。为贪图不义之财。在种类繁多的违法行为里，以贪图不义之财为目的的，历来都占有相当大的数量。社会上有这样一种人，他们信奉"人为财死，鸟为食亡"的说教，既好逸恶劳，又不顾自己及家庭的经济条件，一味追求物质享受。他们手里没有钱或钱不够用时，就想办法搞不义之财。好逸恶劳、追求享受、贪图不义之财，这是典型的资产阶级个人主义思想，这种思想同我国的社会风尚、共产主义道德以及法律的要求格格不入。在贪图不义之财的目的动机驱动下，走上一条违法甚至犯罪道路的人，在社会生活中屡见不鲜。

为泄私愤，图报复。这种目的动机往往是在以下情况下产生的：个人合法权益受到侵害时，感情冲动、一意孤行、图谋报复，酿成大错；在婚姻、家庭和恋爱关系发生波折时，不能够正确对待，而是采取泄私愤、图报复的做法，给家庭、给他人、给自己带来较大的痛苦；犯了错误，受到批评时，对批评者抱着愤恨、仇视的态度，进而采取非法手段进行报复；在自己的违法行为被揭发、检举时，产生怨恨、报复思想等等。

违法后为逃避制裁。违法行为人在做出违法行为后，一方面因达到了自己的目的而产生一种满足感；另一方面，也往往因预感到违法行为所要产生的后果，以及担心受到制裁而紧张、恐惧。在这种情况下，如果违法行为人主观恶性不深，有悔改和重新做人的觉悟，那么，他就会从违法的路上往回走，或投案自首、或改邪归正，决心不再干。而如果违法行为人主观恶性较深，极端个人主义思想顽固不化，那么，他就会想方设法逃避法律制裁，在违法的路上继续往下滑，干出嫁祸于人、提供伪证、销赃灭迹、捕后脱逃、甚至杀人灭口等一类新的违法行为。为寻求精神刺激，满足变态心理。社会上有些人，其中大多数是青少年，由于各种原因，他们没有正确的世界观和人生观，没有理想和志向。这些人，一般都是精神空虚、道德品质低下，常常为了寻求精神刺激、满足变态心理而违法。以这种目的动机出发产生的违法行为，其表现形式多种多样，常见的有：无事生非、聚众打架斗殴；在公共汽车、电车上或其他人多拥挤的地方，侮辱、调戏妇女；在楼上用油漆、粪便和其他污物，泼洒楼底下行走的妇女或其他人；故意闯进女浴池、女厕所、女更衣室等等。这些违法分子，并不是想从他们的违法行为中得到什么直接好处，他们干出上述违法事情的目的动机，全在于填补精神空虚、满足变态心理。

为满足个人的私欲。某些人头脑中存在的极端个人主义思想，往往通过多种形式表现出来。在这种思想支配下的人，也往往出于满足各自不同私欲的目的动机而违法，常见的有：为满足当官向上爬的权欲而诬告陷害他人；为了满足虚荣心理而偷盗公私财产或剽窃他人科研成果；为了满足"传宗接代"的心理而违反计划生育的规定等等。

以上我们列举了违法行为人做出违法行为时，目的动机方面的原因，这是违法行为发生的主观原因的一个方面。

其次，法制观念方面的原因。就国家的公民来说，所谓法制观，就是人们在思想上了解和掌握国家的法律，尤其是与自己的工作和生活有直接关系的法律的状况，以及遵守国家法律的自觉程度。由这两方面构成的法制观念，是人的法律意识的一部分。它对于指导和支配人们的某些社会行为，特别是与法律规定密切相关的行为，有重要的作用。

通过以上分析，我们不难看出，在现实社会生活中，有些人之所以做出违法的事情，包括一般违法乱纪犯罪在内，目的动机上的原因是一个方面。同时，法制观念上的原因也是重要的。这两个互相联系、互相影响的因素结合起来，共同构成违法行为人做出违法行为的主观原因。

我国社会主义的法，有着巨大的教育作用，它首先是要求和指导全体公民自觉地守法。与此同时，它也具有很大的强制性。这表现在法一经颁布实施，便发生普遍的约束力，要求人人必须遵守；如果有人做出了违法的事情，则他就要承担相应的法律后果，有的还要受到法律制裁。这种法律制裁，是以国家的有关法律、法规为依据，由国家强制力来保证实施的。

我国社会主义法的法律制裁，一般分为刑事制裁、行政制裁、民事制裁和宪法制裁四大类。

刑事制裁

刑事制裁也叫刑罚或刑事处罚，它只适用于实施了刑事法律所禁止的行为而触犯了刑律的犯罪分子。根据我国刑法的有关规定，刑事制裁分为主刑和附加刑。主刑包括：管制、拘役、有期徒刑、无期徒刑和死刑。附加刑包括：罚金、剥夺政治权利、没收财产。

管制由人民法院判决、公安机关执行。被判管制的人不予关押，但其人身自由受到一定限制。管制的期限为三个月以上二年以下。在数罪并罚时，可以延长到三年。拘役由人民法院判决，由公安机关就近执行。拘投是将犯罪分子监禁在一定场所，剥夺其自由。拘役的期限为 15 日以上 6 个月以下。在数罪并罚时，可以延长到一年。

有期徒刑，是将犯罪分子在一定时期内监禁起来，使其与社会脱离，剥夺其自由，有劳动能力的实行劳动改造。有期徒刑的期限为 6 个月以上 15 年以下。数罪并罚时，不超过 20 年。服刑期间，罪犯确有真诚悔改或主动表现的，可以减刑或假释。

无期徒刑，是仅次于死刑的严重刑罚，是将犯罪分子终身监禁起来，使他们与社会隔离，凡是有劳动能力的，实行劳动改造。服刑期间，如果确有真诚悔改或立功表现的，可以减为有期徒刑或者假释，获得重新做人的机会。死刑，是剥夺犯罪分子生命的刑罚，只适用于罪大恶极的犯罪分子。如果不是立即执行的，可以判处死刑同时宣告缓期二年执行，实行劳动改造，以观后效。缓期二年以后，确有悔改表现的，减为无期徒刑；在缓期执行期间，罪犯如果抗拒改造，情节恶劣，查证属实的，由最高人民法院裁定或者核准，执行死刑。

附加刑中罚金，是人民法院在处理刑事案件时，强制在一定期限内缴纳一定数量的钱币的刑罚；剥夺政治权利，是人民法院依法剥夺犯罪分子在一定时间内享受政治权利的刑罚；没收财产，是将犯罪分子个人财产的一部分或全部无偿地收归国有的刑罚。此外，对于在我国犯罪的外国人，可以独立使用或者附加适用驱除出境的处罚。

行政制裁

行政制裁，是国家机关对违反国家行政管理法规情节轻微，还不够刑事处罚的人所做出的制裁。工商企业等单位违反行政管理法规，也要受到行政处罚。这种制裁必须根据法律规定实施，无处分权的机关和部门不得行使。国家行政管理的范围是十分广泛的，它包括治安管理、财政金融管理、工商行政管理、农林水利管理、市场管理、卫生管理和海关管理等等。国家针对不同个人、不同单位的不同违法行为，采取不同种类的处罚方式。根据我国行政管理法规的规定，对违法个人的行政处罚主要有：警告、没收、拘留、劳动教养和限令出境等。

警告，是对某些有轻微违法行为人的训诫，促使被警告人提起应有的注意和警惕。

罚款，是强制有违法行为的单位和个人，在一定期限内缴纳一定数额的钱币。

没收，是剥夺个人因违法行为所得的财物。

行政拘留，是公安机关对违法行为人短时间的拘禁，是一种强制性教育的措施。

劳动教育，是对有违法行为而又可以不追究刑事责任的，有劳动能力的人实行强制性教育改造的一种措施，劳动教育期限为一至三年，必要时得延长一年。

限令出境，是对违反我国行政管理法规的外国人或无国籍人的处罚措施。

对违法单位的行政处罚主要有：停止贷款，扣留货物，赔偿损失，吊销营业执照，停业，停产治理，冻结资金。

民事制裁

民事制裁，是人民法院对违反民事法律规定、侵害他人财产和人身权利或者不履行自己应尽义务的个人或组织的处罚。

民事制裁的方式是多种多样的，根据我国民法通则的规定，主要有：停止侵害，排除妨害，消除危险，返还财产，恢复原状，修理、重作、更换、赔偿损失，支付违约金，恢复名誉，赔礼道歉。

以上制裁方式可以单独使用，也可以合并适应。人民法院审理民事案件时，除适用上述规定外，对违反民事法律的行为人，还可以予以训诫、责令其悔过，收缴进行非法活动的财物和非法所得，并可以依照法律规定处以罚款、拘留。

宪法制裁

在我国，由于作为违宪的主体，只能是国家机关和重要的国家机关领导人。所以，宪法制裁针对国家机关就是撤销其制定的违反宪法，法律的法规，决定和命令，或宣布其无效。针对违宪国家机关领导人，则由国家最高权力机关——全国人民代表大会予以罢免职务。由于某个国家机关的违宪行为，给其他国家机关、社会团体、企业事业单位或者公民个人造成损失，还应该由违宪机关负责经济上的赔偿。

可见，不论是一般的违法活动，还是犯罪活动，都不仅会危害国家、危害社会、危害他人，而且会使违法犯罪者本人招致国家的法律制裁。到头来，自己的某些方面的利益也要受到损害。因此，我国的每一个公民，在他们生活、劳动、工作的各个领域，都应该严格按照社会主义法律规范的要求办事，树立守法光荣，违法可耻的观念，自觉地做到守法。这样，既有益于整个国家和人民，有益于社会主义现代化建设的伟大事业，同时，也有益于每个公民自己。

10. 学生违法乱纪现象思考

近年来，在校学生违法违纪现象日益上升，特别是一些薄弱学校，初中阶段或高一的学生更为明显。有的违反校规校纪、扰乱公共秩序、破坏公物或公共设施；有的打群架、行凶闹事，甚至出现由小偷小摸行为发展到入室盗窃、变相敲诈勒索；有的组织小帮派，收保护费，大同学仗势欺压小同学，强借饭菜票。在校学生的违法乱纪及不良行为，已成为一个严重的社会问题。学校深受其害，老师伤透脑筋，是一个值得我们关注与思考的问题。

学生违法乱纪的原因

出现这些问题，原因是多方面的：

首先，从学生自身因素看 少部分初高中学生缺乏自我控制能力，不能严格要求自己，不注重思想道德修养，没有形成正确的世界观。盲目追求享乐，表现出对学习没有兴趣，缺少法律知识，心理行为不正常。学校学习压力重，虽然学校、家庭做了大量的教育工作，但收效甚微，甚至出现个别学生由不遵守学校纪律、旷课、私自外出逐步发展到赌博、看黄色录像，甚至抢劫等现象。一些学生心理抗挫能力低、自暴自弃、偷吃禁果、以身试法、自寻短见。某地区初中学生因遭父母指责服毒自尽；初一年级学生集伙抢劫 2.5 元人民币被公安机关拘留；城区一所名校，四位男生因一女生捅刀子；一私立学校同舍学生下床学生把上床学生杀死无动于衷，这些现象，有些令人触目惊心，有些令人又生悲凉、可怜、惋惜，究其原因，学生自身素质低是一个重要因素。

其次，家庭不良环境的影响 孩子一生三分之一时间在家中度过，良好的家庭教育氛围将对学生的行为产生主要影响。一些家长由于自身不注重修养，不能予子女榜样，教育孩子简单粗暴或苛刻或放任，甚至一些家长本身就有赌、黄行为存在；不能对子女施予正确引导；一些离异家庭对子女教育更缺乏责任感，或推诿或应付，只简单地用"钱"打发，造成子女教育的失误。据不完全统计，学校在对 10 个违法学生的调查中，有 3 人是离异单亲家庭，有 5 人未离分居家庭，有 2 人是未离由奶奶管。部分家长不同程度存在违法犯罪行为。

第三，社会大环境的影响　学校已不是一块净土，当前不良的校园周边环境，社会大环境存在一些问题，对价值观、世界观、人生观正在形成的初高中学生产生极为不良影响，对现实的学校德育手段与教育渠道提出了严峻的挑战。社会评价观、道德观，谁对谁错，什么该做，什么不该做，对学生来说极为模糊。所以跟着好人学好人，跟着司娘就"跳神"，学生在学校中接受正规教育，到社会中受不良风气影响，往往是 $1 > 6$。

第四，校园周边环境影响　无论是白天或是晚上，在校园门口，都会见一些三五成群的社会闲散青年游荡，或聚集一起。他们的年龄一般在 $15 \sim 20$ 岁之间。痞性成形，无所事事，东游西逛，口叼香烟，文身刺字，头染黄发。他们经常滋事挑衅，对在校学生施耍淫威，莫名其妙地拦截学生、打学生。这些人的形象对于自控能力较低的中学生来说，很容易效仿，特别是一些受到过伤害的学生，更易产生报复心理而走向违法，给学校的教育带来很大的负面影响。

从目前情况看，每所学校（特别是城区学校）大门两旁 100 米之内都有不少经营摊点围着，附近居民、小商小贩，沿路沿街摆点，或流动销售。他们一无健康体检证明，二无经营许可证。可我们常常见到马路上尘土四扬，学生吃得津津有味，这种状况常常滋生了一些学生的不良习惯，既影响学生健康又影响学生思想。

最为突出的是"地下网吧"勾引学生。虽然国家明令禁止学校周围 200 米内开网吧，但事实上很多网吧要么在学校周围，要么把目标锁定在学生身上。网吧老板使尽浑身解数，包月、提供食宿、做钟点工为男女学生开房住宿，提供黄色 CD 等，距某校附近共 9 家网吧，有 2 家开房，6 家供应饮食，有一个网吧，电脑旁就是小床，往往是 $4-5$ 集在一起，一人上网，其余男女混同休息。这给厌学的学生提供了场所。学校为此痛心、家长无奈、看看一些因染上网吧瘾而被开除或整天昏昏欲睡的学生，心里十分悲凉。网吧不仅严重地危害了中学生个人成长，更影响了家庭的幸福，诱发了学生犯罪心理，给学生、社会带来了不良影响，成为学校难管理，社会不稳定的因素。

第五，学校教育与管理的不足 我国的教育体制，教育方针是正确的，国家关心教育，加大教育的投入，为学校教育，学生读书提供了极大的保障。但是，由于各级各类学校在贯彻党的教育方针的过程中，认识不足、行为有些偏颇，对学生的教育存在严重不足。首先是理论与实际的严重脱节，在对学生施教过程中出现的偏离教育目标的行为，缺乏经常性的及时有效的控制和校正；其次是学校学生管理工作缺乏强大的合力，学生管理工作主要靠德育处、班主任来抓，学校中的其他教师因忙于"分数"，而疏于德育，行政人员参与德育教育的意识薄弱，学生管理工作形成少数人的孤军作战，其他人为观望者，没有形成一股合力。同时学校、家庭、社会严重脱节，学校内外文化环境反差过大，三者教育没有得到很好的衔接，经常出现教育时空上的空白现象，给不良言行和思想以可乘之机，在学生管理中的线条太粗，缺乏扎实细致的工作作风，对学生的违纪现象不能有效地进行超前预防工作，对学生的教育管理不是主动防范而是被动式教育。

第六，学习压力过重，评价单一 目前，学生学习压力较重，社会、家庭、老师对学生的学习要求高、期望值高，不少学生日夜兼程。有些学校学生，每天学习 12 小时以上仍不能达到要求，由此，时常出现"不进则退"或心理枯竭现象，学校中对"好"、"坏"学生的评价仅以"分数"辨高低，引发教育方式的简单化。使得一些具有不良心理、不良行为的学生得不到及时的医治，致使学生越来越"落下去"，一蹶不振。某校一初中"尖子生"，无缘无故不上学，几经老师做工作后，主动要求到差班就读。数日后，此生因上网成瘾被迫退学。

　　纵观教学中出现的一些现象，说怪不怪，终有原因，只是预感教育责任重大，如何预防和有效制止中学生违纪行为，关系到教育的成功，是我们每个教育工作者应重点关注的问题。

学生违法乱纪的预防

　　中学生正处于未成年向成年的过渡时期，是一个自我控制能力薄弱时期，是真、善、美与假、丑、恶的争夺期，是一个需要塑造、教育、保护的时期。对青少年的违法违纪及不良行为的产生应以预防为主，及早防治。同时，对已存在违法违纪的学生应本着教育保护的原则，具体地说：

　　首先，立足于教育和保护　以教育他们，并保护他们的合法权益，保护其身心健康为出发点，通过教育和保护，达到预防未成年人不良行为的目的。教育和保护是相辅相成的，教育是为了保护，保护必须进行教育，只有将两者有机结合起来，才能达到预防未成年人犯罪的目的。弥勒民族职业高级中学几年来，对学生教育管理，实施"保、稳、转、升"的办法值得借鉴。所谓：保：控制学生流失，学校严格规定：造成学生流失作为教学事故，追究教师责任。稳：实施稳定的学校德教育体系，分年级、分层次、分主题，循序渐进地推行。转：保证后进生的转变，学校规定对后进生的转变奖励政策。升：提升管理的品位、质量。用"阳光"般的心态对待学生的一切，从而促进学校的发展。

　　其次，开展心理疏导。根据未成年人学生的心理、生理，坚持治本和疏导，对他们的不良行为及时进行预防和矫治。目前，学校建立了心理咨询室，开通了心理连通车，做到每生一册心理读本，每周一节心理课，每学期 1－2 次家长培训，收到了较好的教育效果。

　　再次，加强青春期教育　预防中学生不良行为应结合不同年龄的生理、心理特点，有针对性地进行教育，不能采取"不打不成才"

的粗暴式教育方式。在我校，学校每学期举办青春期生理讲座，在学校的课程安排下，保证每天一小时的集体活动，或打球、跳绳，或唱歌、练舞等兴趣活动，举办趣味运动会、创新科技展，以释放学生的心理，让他们在丰富多彩的活动中渡过青春的烦恼。对未成年人的不良行为，在处理上，应充分体现"教育、感化、挽救"的方针，贯彻教育为主，惩罚为辅的原则。

第四，教管结合　帮助青少年树立正确的世界观、人生观、社会道德观，是搞好青少年教育的重要手段。只有让青少年知道什么是违法，什么是犯罪，什么该做，什么不该做，这才是防患于未然的长久工作。在我校，每年至少两次法制课，用生动的一例教育学生，同时，组织学生到司法部门、交通部门、社会劳动部门进行社会调查，让学生懂得法律、交通，更知道社会的艰辛。把正确的是非观灌输到未成年学生的头脑中，积极抵制社会上不良风气的影响，使正气成为健康心理的支柱。同时，学校还开展班级大讨论、大评比，校园点评、星级学生周评、校园小记者等活动，一方面拓展学校教育渠道，另一方面训练学生的各种心理情景，增强他们的自尊心、自信心和进取心，以及承受挫折的能力，切实有效地促进人格完善。

收效于微处，细节决定成功。民职中由于学生违法违纪和不良行为的矫正抓得早，抓得及时，预防好，处理得好。在几年中，未发生重大违纪现象，校园风气好，办学成绩显著。中考成绩连续四年优秀率获州第一，高考初次上阵，上线率达60%以上，得到社会的认可。

综上所述，减少在校学生的违法违纪现象是摆在每个教育工作者面前的一大课题。我们应当首先搞好未成年学生违法违纪的预防工作，建立社会、学校、家庭"三结合"的教育体系，净化社会环境。在全社会倡导健康向上的氛围，净化校园周边环境；学校要加强学生德育工作，通过多样式对学生正确引导，全面提高学生素质；同时建立家长与学校联系制度，定期与家长交流、沟通，共同探讨学生教育问题。对青少年学生多一分关爱，少一分指责，以情感人，找准病根，是教育转化的最佳途径。只要我们尽园丁之责，动赤子之情，投入全身之力，认真做好教育、管理工作，中学生的违法违纪现象就可以有效地制止。

11. 学生违法乱纪行为剖析

2008 年，据对福建几所中学学生的违法乱纪现象的专题调查，发现在学生违法乱纪中，有犯罪行为的仅仅是极个别，大量的是违反《治安管理处罚条例》和学校规章制度的一般违法、违纪行为。本文就中学生违法乱纪行为作个剖析，试图为中学生法制观念的培养和不良行为的矫正，为青少年犯罪综合治理提供一些参考意见。

成因：主观、客观互相联系

中学生违法乱纪行为的产生有诸多复杂因素，既有学生本身生理和心理的主观因素，又有家庭、学校和社会等客观因素。它们彼此渗透，互相影响，一切客观因素又都通过学生的主观因素而起作用。

从社会方面来看 社会现实生活中的异常现象以多样的方式，从不同的侧面冲击、腐蚀着学生的心灵。社会影响概括说有三个方面：首先，"精神鸦片"的毒害。近几年，一些内容不健康、甚至淫秽的非法出版物不绝。电视节目和影片，对涉世不深、缺乏鉴别能力的中学生带来消极的影响。其次，不正之风的冲击。在改革开放，商品经济发展中出现的一系列社会问题面前，青少年学生极易受"读书无用论"、"金钱至上"、"享乐主义"等错误思潮的侵蚀而导致心灵扭曲，产生畸形的价值观念和心理需求。再次，打击不力的后果。由于公安部门对偷窃、赌博等社会不法分子打击不力，致使一些学生铤而走险，步入偷窃之道。

从学校方面来看　在校生的违法乱纪行为与学校的教育方法和教师的态度不当有着直接的关系，具体表现为：一是教师问题。一些教师对后进生的教育方法简单、粗暴、生硬，动辄训斥、怒骂或施以惩罚，对后进生往往是批评的多、指责的多，而鼓励、引导比较少。其次，是以"优生"为中心，不能平等地对待每一位学生，使后进学生产生"不公正"的感觉，当醋意大发的时候，便采取种种不良行为对同学或老师实施报复。另外，教师德育意识的淡薄也是一个必须引起重视的问题，一些教师对学生轻微违纪行为不闻不问，或见了不管，视而不见，这样无形中也纵容了学生良好行为的存在和发展。二是管理问题。一些学校管理松懈，缺乏系统的严格的纪律制度，即使有往往流于形式，缺乏相应的执行办法和惩处措施，许多较为严重的违法乱纪行为往往不了了之。这样导致纪律、制度缺乏威慑力、约束力，其后果必然是学生行为的放纵。三是课余问题。学生中的违法行为的产生也反映了学校课余生活的枯燥乏味，在课余放学以后无所事事，在社会上游荡，美丑不分，于是就抽烟、打群架、合伙作恶来填补空虚的心灵。

从家庭方面来看　家庭的影响也是造成学生不良行为习惯的重要原因之一。家庭的不良影响主要是：第一，家教不当。目前，家庭教育水平较低，普遍存在"四重四轻"的倾向，即重养轻教，营养充足，教育不良；重智轻德，注意学习成绩的高低，忽视"做人"的基础教育；重物质轻思想，尽量满足物质欲望，忽视思想品德和良好习惯的培养；重打骂轻说理，对子女惯用的教育方法不打便骂，而忽视耐心细致、润物无声的说理工作。第二，家风不正。家长的不文明习惯，不端的行为，对子女来说，无异于以行动教唆子女，使孩子长期耳濡目染、潜移默化，从而养成种种恶习，严重者直至走向犯罪。第三，精力不暇。不少父母无暇顾及子女的学业，有时连跟子女谈话的时间都很少，更谈不上教育。子女一旦学坏，由于不易被发觉，时间一长可能恶习日深。第四，家庭不睦。有的由于父母争吵纠纷，给他们心灵留下创伤。父母一旦离婚，势必给子女在物质和精神上带来极大影响，甚至把子女当成累赘。这些学生由于家庭失去平衡，得不到家庭温暖，缺乏正常的家庭教育，从而产生心理变态，容易接受外界的不良影响。

从学生自身来看　从学生主体方面考察，也存在着诱发学生行为过失的多种因素，突出表现在几方面：其一，学习兴趣缺乏。一些学生产生了"读书无用论"的思想，学习信心丧失，缺乏热情，不求上进，只等毕业。其二，心理素质缺乏。在当前复杂的社会生活和人际关系中，有许多学生或多或少地存在心理缺陷和人格障碍。其三，法律常识缺乏。不少学生制观念淡薄，甚至无知。知识贫乏和道德贫困并存使他们变得愚昧，由违反道德规范到违法乱纪，从不知法、不懂法到不畏法犯法，从破坏纪律到扰乱公共秩序。其四，辨别能力缺乏。一些学生的认识能力偏低，与社会信息中的消极因素，社会上的不正之风于相通，从而产生了不少错误观念，以致是非模糊，荣辱颠倒，美丑混淆，善恶不分，公私不明，个人与法体关系不清。

防治：学校、家庭、社会三位一体抓道德

全面提高思想品德修养和文明程度，增加遵纪守法自觉性。这里的"全面提高"，一方面是指全体学生。在复杂的社会环境中，好、中、差学生都有一个提高思想品德素质，培养辨别是非能力的问题。教育工作必须从服从于智育的从属地位转变为致力于提高学生品德素质的相对独立的地位，根据学生不同的思想状况、心理特点、知识水平，实施分层次、分类型教育，全面提高。另一方面是

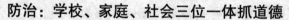

指全面提高学生的政治、道德、心理、法律素质。一个人的思想品德素质包括思想追求、政治觉悟、道德行为、个性心理、法制观念等互相联系的诸多因素，忽略任何方面都是不完善的。德育的具体目标、内容、手段都必须全面考虑，力求序列化、系统化。

要法治：强化约束机制 在社会空气混浊，学习道德水准、文明程度不高的情况下，确立法制、纪律的强制性、权威性，是维护社会公德和学校正常秩序的重要保障，也是约束学生行为，保证学生健康成长的重要手段。而且以法治校本身也是增强学生法制观念，提高学生法律素质、品德素质的重要途径。因此，笔者认为，以法治校与以德治校并不矛盾，后者是主体、基础，前者是不可缺少的补充、辅助。学校必须根据本校的实际情况，制订诸如学习纪律、膳厅纪律、宿舍纪律、维护公物纪律等系统的、具体的管理制度，把《中学生守则》和《中学生日常行为规范》落到实处，不仅提出应遵守的纪律，而且必须作出相应的惩处规定。同时，应建立校行政与班级相结合，行政值日、教师值日、学生值日相结合的监督和检查网络，以保证纪律制度的严格执行。

建班风：创造良好环境 班集体是学生的学习、生活基本单位，树立良好的班风，培养班级集体主义观念，是激发学生自我意识和向上求知的环境因素。班集体是否健康，有无凝聚力，直接影响学生的学风、品德和个性发展。必须根据学生的心理特点和班集体建设的客观规律，建立合理的管理目标，开展丰富多彩的集体活动，创设让每一个学生都能发挥特长、都能有所提高的机会等等，从而增强班集体的内聚力，使学生产生对集体的关心，对学习的兴趣，对进步的渴望，对不良行为的排斥。

重协调：力求整体效益 积极争取社会、家庭的积极力量的支持和配合，是减少社会不良因素影响、增强学校内部教育力量的一个重要途径。司法机关、交通管理部门，以及影剧院、文化馆等娱乐单位，要协助学校贯彻行为规范教育，注意学生在公共场所的活动，批评和阻止不良行为，帮助学校开展法律讲座、展览等法制教育活动。公安部门应协助搞好校园内的治安和校园周围的治安，以减轻社会不法分子对学生的不良影响。学校必须与学生家长经常性地联系，积极主动取得家长的配合支持，共同协商调动学生的学习积极性，提高学生品德素质的具体方法。必须详细了解家庭对学生的影响，对不管型、溺爱型、粗暴型等不良倾向的家庭关系，就要同时做好家长的思想工作，消除家庭给学生的不良影响。

12. 消除青少年犯罪的"隐性"因素

预防青少年犯罪是一项艰巨的系统工程。目前我国青少年犯罪率上升的状况说明，防范工作尚存在许多问题亟待解决。如何切实有效地做好预防青少年犯罪工作，防患于未然？笔者认为，从分析滋生青少年犯罪的原因出发，探讨消除青少年犯罪的隐性因素，是有效地降低青少年犯罪的重要措施。

导致青少年犯罪的原因

青少年走上犯罪道路的原因林林总总，主要有三个方面的因素造成：

社会文化生活出现的"误区"，诱导思想意志薄弱的青年反社会

所谓社会文化生活产生的误区，是指那些与社会主义精神文明所倡导的占主导性的文化相背离的畸形文化观象。如中国传统文化糟粕和西方腐朽文化都鼓吹"金钱至上"、"享乐第一"、"纵欲主义"等处世哲学。这势必影响初涉人生、世界观尚未定型的青少年，特别是那些思想意识落后的青少年，左右他们的行为取向，最终坠入犯罪歧途。

生理发育和心理素质的发展出现了"断层区"，造成青少年心灵扭曲、变异 目前青少年犯罪的一个重要原因就是心理素质的发展跟不上生理发育成熟的速度，出现生理发育早熟，心理发育迟熟，两者不同步发展。由于物质生活丰富，这一代青少年的生理发育普遍早熟又由于现在已进入信息时代，当代青少年接受着如潮水般涌来的各种信息。处于青春躁动期的青少年，心理素质普遍脆弱，伦理道德意识尚未形成。于是那些精神空虚的青少年往往在社会灰暗心理和低下道德情操的影响下，做出了过激反叛的行为。

法律出现的"盲区"，触发胆大妄为的青少年偏离社会规范 在我国众多的执法之典中，可以看到，迄今为止尚缺一部与刑法接轨的惩治青少年犯罪的法规，没有专门的法规可以运作，这与当前青少年犯罪年龄提前、手段超前的情况是不相适应的。而且我国刑法虽然在第 14、15 条中对 14 岁以上、16 岁以下的青少年犯罪制定制裁条款，但刑法从总体来看对青少年犯罪仍以教育为主，所以我国法律对未成年人犯罪量刑，尤其是 14 岁以下的少年犯的量刑，实际上出现了"空档"。法律之剑虽然锋利，但悬到小孩们头上却是"仁慈有余"。对青少年犯罪以教育为主，重罪轻罚，重罪轻判，促使一些胆大妄为的青少年蔑视社会规范，误认为犯法无法可依，无法可究，公然践踏法律，以致跌入犯罪深渊。

消除青少年犯罪"隐性"因素的主要途径

发挥社会防范青少年犯罪的主渠道功能 青少年犯罪和所处的社会环境息息相关，由社会环境中存在的不良因素构成的负面环境氛围，是青少年犯罪增多的社会根源。社会文化生活中的非从众的畸形文化，大众传媒中夹带的精神垃圾已成为青少年犯罪的直接诱源。从社会大环境和学校，家庭小环境对青少年影响的程度、广度看，大环境的影响是占主导性的因素。因此，要有效地降低青少年犯罪率，消除社会环境中诱发青少年违法犯罪的辐射源，必须发挥全社会的群防作用，调动社会遏制青少年犯罪的主渠道功能。概言之，应该全面优化青少年成长环境，大力推进社会主义精神文明的发展。可以从社会环境中存在的问题为突破口，在消除精神垃圾源上下功夫，严厉打击精神垃圾的制造者、传播者，堵塞精神垃圾的传播渠道，最大限度地减少社会环境给青少年带来的放射性伤害，扫除诱惑青少年犯罪的社会隐患。

强化学校防范青少年犯罪的主阵地功能 学校作为社会规范文化的代表，对青少年社会公德的养成、伦理道德的塑造、人生价值观的形成，具有极大的引导性。要发挥学校在防范青少年犯罪工作中起主阵地作用，关键是要调整学校小环境思想教育的运行机制，改变当前学校在法律教育上的滞后观象。1985 年《中共中央关于进一步加强青少年教育防青少年犯罪的通知》正式出台后，国家教委已经把青少年法制教育正式纳入学校教育体系。但是，据了解，目前许多学校都没有把法制课教育落到实处，重智力教育轻道德法制教育的现象在各级各类学校都有表现。因此，学校应该克服"一手硬、一手软"的思想，抓好校园内的法制教育，在解决青少年犯罪年龄、手段的超前性和法律教育滞后性这一矛盾上下功夫。把社会法律道德规范灌输到青少年头脑中，着力培养青少年的知法奉法精神，把法律法规变成青少年行为的参照标准。为青少年的行为起选择、矫正作用，为青少年的健康心理行为超导向作用。

调动家庭教育的调节功能 从教育顺序说，青少年所受影响首先来自家庭，父母是孩子的启蒙老师。可见，家庭教育的良性运行，是青少年健康成长的有力阶梯。良好的家庭教育，可以说是青少年健康成长的基础性条件。据有关资料称，目前青少年中最容易走上犯罪道路的以"惩罚型"、"娇宠型"、"分裂解体型"家庭出来的子女为冠。由此可见，不良的家庭教育容易触使青少年偏离健康成长的轨道。要消除家庭中诱使青少年犯法的"因子",关键是家庭教育要得当。父母作为对子女长期有影响的人,在家庭教育上必须做好三个方面的工作:一是抓好子女的心理的自律能力。这一代青少年,多为独生子女,物质条件优越,生理出现早熟,心理上却迟熟,家庭要对青少年在心理成熟前表露出来的一些偏激、反叛的心理活动起化解监督作用,提醒子女不要走极端。二是要避免"极端"教育的伤害。既不放纵娇惯也不拳脚相加,尽可能营造良好的家庭氛围。三是要减少家庭裂变的危害。家庭的解体、父母婚姻的裂变,要尽量减少对子女的伤害,要妥善解决离异后子女的安置问题。

13. 青少年犯罪的原因及预防对策

我国青少年犯罪的日渐突出、严重,并成为一个重要的社会问题,引起各界人士的普遍关注。青少年时期是人生比较特殊的阶段,有人称此阶段为"问题年龄"、"反抗权威时期"。一方面他们已从混沌无知开始了初步的对自我对社会的认知;另一方面又因为他们在心理上还不成熟,使得他们往往倾向于与自己的立场、需要等相一致的赞同性信息,而不懂得进行客观的判断,作出比较正确的选择,我国目前随着改革开放,经济的飞速发展,市场机制的确立,整个社会出现青少年犯罪率上升并且性质趋于恶劣的情形。本文对此将着力于经济的发展对社会环境进而对青少年的影响加以分析,并力求找出对策。

青少年犯罪的原因

家庭问题 我国近十几年来的改革开放、经济发展,使得人们的生活方式、价值观念等发生了很大变化,并由此而影响到人们的家庭生活。而家庭又是青少年成长之所，它的风风雨雨直接影响着青少年的心理和行为，从家庭这一角度看，导致青少年犯罪的原因主要有以下几个方面：

第一，离婚率的上升。经济的发展引起了人们生活方式的变化，这使人们在享受物质条件带来的越来越多的自由的同时，更开始追求自我与个性的自由，对情感世界也有了新的渴求，因而导致离婚率的上升。离婚的真正受害者绝不是哪一方面配偶，而是他们子女，从心理角度而言，青少年在心理方面还很不成熟，特别需要家庭的温暖及完整的亲情的呵护，脆弱的心灵很难承受挫折与磨难。而离婚后的任何一方单亲都无法给孩子一个完整的世界，于是渴求理解、关怀与心灵慰籍的青少年，当他们在家庭中找不到时，便本能地走出家庭，走向社会。而且他们往往与跟自己同龄的孩子混迹在一起，结帮结伙，这时若没有适当的教育，便极易走上罪犯道路。

第二，独生子女问题。计划生育是我国的一项基本国策，独生子女的父母都是为社会做出了贡献的，但无可否认的是，独生子女问题已成为突出的社会问题。一方面，大多数家长仅在物质上一味满足子女的要求，却忽视对他们人格、性格的培养，使得他们的需要偏离，不合理的要求不断升级，自私自利、专横跋扈，一旦他们的欲望得不到满足，便会有种种反社会的言行产生；另一方面，中华民族有个传统叫做"望子成龙"，每对父母莫不如此，父母未尝之愿全部放到这一个孩子身上，其沉重可想而知，父辈们的急切之情很难期望他们在抚养、教育子女时投入更多的理智。一旦希望有落空之嫌，许多人往往采取简单粗暴的不理智之举，以调节"希望落空"的心理失衡，更有甚者，若发现管教无济于事，便听天由命，放任不管，这两方面的不正常、不合理，不科学的"爱子"方式，都特别容易使青少年走上犯罪道路。

第三，个别家长的"言传身教'。社会学家们曾说孩子们一生当中的三分之一的时间是在家庭中度过的，然而以强烈的模仿性为显著特点的孩子，无不以父母为其样本调整和检验自己的行为。因此父母的一言一行对孩子都有着深刻的影响，处于"价值真空"时代的人们彷徨。无所适从，许多人开始追求纯物质生活的享受，以为有钱就有一切，赚钱似乎成了生存的唯一宗旨，并常常在孩子面前讲一些他们还不能正确理解、判断的话，在家中赌博、自己的生活不检点等，都深深影响着各方面还不成熟的下一代。

第四，家庭教育能力问题。我国是一个农业大国，80%的人口居住在农村，也就是说有80%左右的青少年其父母是农民。因为原因种种，他们中的大多数对教育子女问题远未形成比较科学的认识，因而不具备科学合理地教育子女的常识，从而在很大程度上影响着青少年的健康成长。城市中多数都是双职工家庭，许多父母忙于自己的事务（也有的是为了赚钱）而顾不上子女的教育。并常忽视子女言行，即使青少年犯罪发生之前的一些警告性不良行为也视而不见，可以说消极地促动了青少年犯罪的严重性。

学校教育 如果说家庭环境是影响青少年健康成长，造成青少年犯罪的重要原因，那么学校教育的偏颇和失误也在客观上扮演了重要角色，下面仅就学校教育中失误的几个方面谈一点看法，以引起社会的广泛关注。

首先是关于快慢班问题。有的学校把学习成绩差、表现不好的同学分在一个班，叫做慢班。很显然，在校园中他们不受重视，被人看不起。形成团体的这样一群学生相互影响，互相从别人身上寻求着认同和理解，于是他们在一起搞恶作剧，违反纪律，通过报复的方式寻求心理平衡。老师眼中只有优等生，对于慢班的学生反正不指望他们提高升学率，随他们便吧，只要不犯大错就行，因而对一些违纪事件懒得去管。

这类学生一旦走上社会，控制更为松散，极易由"小错"发展至走上犯罪道路。

其次，多数学校纵然不分什么快慢班，在教学上却只注重智育方面的教育。德育教育虽不能说没有，但形式主义太严重，实际收效甚微，不能使学生真正意识到应以什么样的标准要求自己，完善自己，德育教育的空白给不良风尚，行为浸染青少年纯洁的心灵创造了机会，使他们极易走上犯罪道路。因此，日本科技界著名人士井深大先生指出：由于施教一方只定出智力教育，把"树人"这一根本教育的目的置于脑后，使学校呈现"荒废状态"，青少年不良行为和犯罪行为日益严重。他为此向教育界大声呼吁，为培养二十一世纪所需要的人才，要在教育上来一个大的转变——即从以智力教育为主转向以品德为主，尤其不能仅仅进行以智力为主的"一半教育"而忘了培养品德的"另一半教育"。

再次，学校教育与家庭教育脱节，许多家长在思想上存有这样的认识：学生一送到学校就算是把学生交给了老师，学生成绩如何、表现如何都是老师的事，所以他们安心地忙于自己的事，不再去注意孩子的反映、孩子心理及行为上的各种变化；而学校则认为他们只是教育学生以知识，成绩上去了，他们的任务就完成了，至于道德问题那是家长们的事，忽视了对学生心理、道德、自律等方面的引导和培养，学生们更乐得这份自由自在。由于各方面不成熟，对自身的识别能力差，外界的冲击使他们尚未形成的世界观混乱不堪，难以抵制各种不良诱惑而走上犯罪道路。

文化环境 随着经济、科技的发展，九十年代的青少年不再像六、七十年代的青少年那样，他们的自我意识、主体意识更强烈，不再满足于学校里的书本知识。他们渴望属于自己的世界，现实社会的不平衡性在错误地引导着他们。一方面经济的发展，使得消遣、消费型的娱乐场所、歌舞厅酒吧、游乐场如雨后春笋般地出现在城市的大街小巷，小型点的游击式录像、游艺机摊点更是比比皆是；

而另一方面，社会文化德育、体育环境方面硬件设施诸如：图书馆、博物馆、青少年宫、体育场馆等陶冶青少年情操，进行良好思想导向的德育型及智力、知识性的文化娱乐设施却几乎没有什么投资，有的地区甚至没有。于是录像厅、游艺机摊点、游乐场甚至歌舞厅、酒吧成了青少年课外生活的主要场所，外部环境的消费式生活诱惑着他们。而一些老板承包者唯财至上、唯利是图、管理不善，在那样的氛围中极易使缺乏认识能力、缺乏控制力的青少年无法把握自己而被拉下水，荒废学业，慢慢走上犯罪道路。

文化环境中"软环境"——主要大众传播媒介，也是诱发助长青少年犯罪的重要因素，大众传播对社会机体有着重要的调适作用，它可以影响人们的社会心理和价值取向。许多专家学者已经指出：中国青少年犯罪增多，与不健康的文化市场，包括书籍、杂志、报刊、录像、电视电影等有着密切关系。如果不能优化环境，发展健康的文化市场吸引青少年，帮助他们度过"问题年龄"时期，是很难期望青少年犯罪问题能得到改观。

青少年犯罪的预防对策

犯罪预防对青少年来说，显得更加重要，而且应该是降低青少年犯罪率，促进他们健康向上的主要对策。犯罪预防是指通过一系列手段把可能诱发犯罪的因素尽早消灭，防患于未然。1990 年 8 月 27 日 - 9 月 7 日在古巴哈瓦那举行的第八届联合国预防犯罪和罪犯待遇大会上通过的《联合国预防少年犯罪准则》及 1992 年 1 月 1 日正式实施《未成年人保护法》都以相当篇幅规定了青少年犯罪的预防对策，针对当前青少年犯罪的新特点及原因，我国当前青少年犯罪的预防对策应包括如下几个方面内容：

关于家庭方面　社会或政府应当采取一定的步骤和制定方案，为尽可能多的家庭提供机会，学习父母在促进孩子的发展方向所应起的作用和应尽的义务；使过分溺爱孩子对孩子的教育缺乏理智和耐心的父母、使对孩子成长无暇顾及而忙于自己事务的父母充分意识到为了青少年的健康成长他们对社会所负的责任，同时要促进父母与子女间形成亲密关系，使父母能够敏锐地发现其子女的种种问题，及时采取对策，防止他们滑向犯罪的深渊。再者，政府和其它社会机构要充分意识到青少年犯罪问题对社会的危害性，不仅要依靠现有的社会和法律条件，而且做到当传统的制度和习惯不起作用时，应积极提供并推动新的措施的执行。尤其在我国目前这一历史阶段，新旧体制交汇之际，政府有关部门应当主动、积极发挥其作用。

关于学校教育　参考《利雅得准则》的规定，教育系统除本身的学术及职业培训活动外，应特别注意进行基本价值观念的教育，尊重青少年自己的文化特性和模式，使他们的个性和自我能力有充分发展的余地，吸引他们走向正确的天地。同时学校要真诚关注面临社会风险的青少年，并配备专门受过培训的老师以帮助他们度过危险期；再者，通过各种可能的教育途径，沟通老师和同学之间的理解，使他们相互信任，这样老师能尽快发现学生生活中碰到的难题，及时帮助解决以减少悲剧发生的可能性。

关于文化环境　我国《未成年人保护法》第24条规定"国家鼓励新闻、出版、电影、电视、文艺等单位和作家、科学家、艺术家及其它公民创作或者提供有益于未成年人健康成长的作品。出版专门以未成年人为对象的图书、报刊、音像制品等出版物，国家给予扶持。"第25条规定："严禁任何组织和个人向未成年人出售、出租或者以其他方式传播淫秽、暴力、凶杀、恐怖等毒害未成年人的图书、报刊、音像制品。"上述内容从鼓励与严禁两方面为在大众传播方面对未成年人进行保护提供了法律依据，它的实施可起到净化、优化社会环境，促使青少年健康向上、积极进取的作用。

另外，我国市场经济体制的确立，意味着中国经济真正走向世界。经济背景的趋同，不仅青少年犯罪的原因趋同，更意味保护青少年的措施与对策也有了更多的相同之处。所以我们一方面应注意其他国家的成功经验，另一方面，要注意与国际规范的要求相当，以保证高水平、高质量的预防措施的适用。

青少年犯罪的预防是一个极复杂的系统，本文仅就当前较为突出的问题择重点谈了一些看法，要真正做到预防有效，还需大量的工作，需要全社会的共同努力。

14. 在校学生违法案件的处理

随着改革开放经济建设的不断发展，近些年来，未成年人犯罪问题日益突出，特别是学生犯罪急骤增多。据统计，1992 年全国公安机关在办理刑事案件中，共查获未成年作案成员 15.9 万名，占刑事案件作案成员总数的 13.5%。其中，盗窃 112470 人，抢劫 23298 人，伤害 5751 人，强奸 5054 人，流氓 3811 人，杀人 1316 人。92 年逮捕的未成年人犯 32583 人，收容教养 2081 人，劳动教养 6636 人。从年龄上看，1992 年查获的未成年作案成员中，16 岁至 17 岁的 100532 名，占 63.2%；14 岁至 15 岁的 43457 名，占 27.3%；13 岁以下的 15046 名，占 9.5%。在这些未成年作案成员中，仅中小学在校学生约占 90% 以上。

以上统计数字足以说明我国未成年入包括在校中小学生违法犯罪的严重情况，也足以让人触目惊心。对在校中小学生犯罪原因、特点及预防等方面的问题，许多仁者智者已作了诸多细微详尽的分析和探讨。但是，如何使已发生的"坏事"变成"好事"，切实避免更多的在校学生误入歧途，这已成为摆在我们面前急需解决的一个现实问题。

1993 年 9 月 16 日至 29 日，福建省综合治理委员会和省未成年人保护委员会组织的由教育、公安、司法、文化等部门组成的检查组，深入莆田、漳州、厦门等地，对学校开展法制教育及预防和减少中小学生违法犯罪工作进行抽查。在检查过程中，检查组听取各级公安、检察、法院等部门在处理在校学生违法犯罪上的一些经验做法的汇报，并走访了受处罚的在校学生、学生家长和学生在读的学校，深刻地感受到：惩治在校学生并不能做单纯的处罚，它是一项极其复杂的工作，需要我们公、检、法三部门在办案实践中不断摸索、及时总结。

从法理上讲，对特殊的处罚对象，应当采取不同的处罚方式和处罚幅度，这不仅是立法也是执法中必须遵循的原则。实践中处理好在校学生的违法犯罪，尤其要把握好在校学生这一处罚对象的特殊性。因为在校学生大部分都是未成年人，他们生理上的日益成熟和个性的逐步形成决定他们在这一时期认识能力偏低，是非观念淡薄、意志薄弱、情绪激动等弱点，又有自身可塑性强的特点。我国现行刑法第十四条"已满十四岁不满十八岁的人犯罪，应当从轻或者减轻处罚"的规定正是基于此种考虑，所以，在办理在校学生违法犯罪案件时，要根据《未成年人保护法》关于保障未成年人的合法权益，尊重未成年人的人格尊严，适应未成年人身心发展的特点和教育与保护相结合的要求，坚持"教育为主，惩罚为辅"的原则。同时必须注意在校学生有学校教育这一环节，比起流失在校外的未成年人来讲，对其实行家庭、学校、司法等多方位的综合教育，更能收到显著的效果。

因此，公、检，法等部门在办理在校学生违法犯罪案件中，要尽力选派有一定犯罪学、心理学、教育学等知识的同志参加，在办案中要十分注意研究他们的心理、生理特点，善于寻找他们身上的积极因素，抓住他们的闪光点，启迪他们的良知，并注意发挥家长或其他监护人的特殊作用，共同配合做好教育、挽救、感化的工作。

公安机关对在校学生轻微违法行为，经警告教育后应让其尽早返回校园；因违反《治安管理处罚条例》的行为须处以行政拘留的，也尽量不要实际执行，即使需要执行的，治安行政拘留所也要严格执行《治安拘留所管理办法》等有关规定，将违法的在校学生与成年人犯、屡教不改的惯犯、累犯分押、分管。

在适用强制措施上，对违法犯罪的在校学生，一般不准使用警棍、警绳、手铐等警械，对未满 16 岁的在校学生一律不准收容审查。对被判处管制和被判处拘役、三年以下有期徒刑宣告缓刑的在校学生，要认真落实帮教措施，针对特点加强考察。检察机关对于在校学生的犯罪行为，"可批捕也可不批捕，可起诉也可不起诉"的案件，要尽量不批捕或不起诉，多适用免予起诉这一检察机关所特有的处罚手段，并坚持对被免诉的在校学生进行案后跟踪考察，同家庭、学校形成三点一线紧密配合型的监督教育机制，对提出量刑幅度的意见，不能只注重法定情节而忽视酌定情节。

即使在校学生犯罪情节与成年人犯罪情节在同样情形下，也要比成年人的量刑幅度至少降低一至二档次。对同时具有其他法定从轻、减轻处罚情节的，则减轻处罚或从轻处罚的幅度尽可能大一些；对从轻减轻处罚情节与从重、加重情节同时并存的，应当比照罪行相当具有同样情节的成年犯而从轻减轻处罚。检察人员在每次开庭前，必须对犯罪的在校学生的法定代理人或其他监护人的情况有所了解，并要求上述人员按时到庭，密切配合法庭搞好庭审。人民法院在处罚在校学生犯罪的法律适用上，应注重适用缓刑。

在对在校学生犯罪依法从轻处罚或减轻处罚所判处的刑罚为拘役或者三年以下有期徒刑时，一方面考察其犯罪情节和悔罪表现，并考察其家庭学校管教和周围环境制约条件。只要这些综合因素说明对其适用缓刑确实不致危害社会的，就应当尽可能地适用缓刑。

　　另外要注重对在校学生犯罪的免刑处理，我国刑法规定免刑的条件是"犯罪情节轻微不需要判处刑罚"，在校学生犯罪案件本就已具备了从轻或减轻处罚的年龄情节。如果再同时存在其他法定的或酌定的从宽情节，综合各种情节看整个犯罪案件属于"情节轻微"，对犯罪的在校学生"不需要判处刑罚"，当然应当毫不犹豫地适用免刑，并可根据案件的不同情况，对行为人适用刑法第32条规定的强制教育措施、民事强制处分或者行政处分。目前，人民法院要注意无限制扩大少年法庭的功能，要注意社会具有消化未成年人轻微犯罪行为的巨大能量，充分发挥家庭、学校、社会的力量来加强管理和帮教。

　　当然，上述对在校学生违法犯罪"教育为主，惩罚为辅"的原则和受到的处罚尽量不要实际执行等做法，仅指在校学生违法罪犯行为情节轻微，造成危害后果不大，影响不是很坏或是偶犯、从犯、胁从犯、帮助犯等；而对于那些主观恶性大，屡教不改，造成严重后果，影响很坏的，该处罚的还是要处罚。这既体现对未成年人犯罪从宽处罚的原则，也符合罪刑相适应的原则。也只有对在校学生的违法犯罪采取特殊的惩罚手段，才能使惩罚的目的即特殊预防和一般预防得以实现，达到既保护社会又保护未成年人的双重目的。

15. 语文教学中法制教育的指导

　　随着我国法制建设的不断完善，对中学生进行法制教育，是学校实施素质教育的重要组成部分。我在语文教学中，根据教材内容，向学生传授有关的法律知识，对加强他们的法制观念起到积极作用。下面结合教学实例谈谈我的具体做法。

词中看"法"

在课堂教学活动中，语文教师必将会使用到不计其数的成语、俗语、歇后语等词语，教师在给学生讲解某一个词语意思的同时，不妨尝试一下用法制视角来解释分析这些词语。如"拾金不昧"一词在字典中的意思是"拾到钱财不藏起来据为己有"。

除此之外，教师还应该进一步从法制视角去讲解，如果我们捡到别人遗失的贵重物品不想返还并且占为己有，按照现行的法律规定，这种行为就属于盗窃行为。为此，不论从哪个层面上来讲，我们都需要对生活中的词语进行最详尽最全面的了解。

再如，"以眼还眼，以牙还牙"在《现代汉语词典》中意思是："比喻用对方使用的手段还击对方。"讲完了字典中的意思，还要从更高层次的法制层面来解析这个词语的意思。如果别人挖了我们的眼睛，我们也一定要去挖掉别人的眼睛。这样看似合情合理的以暴制暴的做法，在古代法制不健全的社会情况下也许行得通，但是在法制相当完备的现在，却没有任何立足之地。

在法制社会的今天，如果我们的合法权利受到侵犯，就应该果敢地拿起法律这个武器来捍卫自己的权利，通过合法的途径来要求侵犯我们权利和利益的人赔偿我们的经济损失甚至是精神损失。

文中插"法"

初中课文相当一部分篇目都涉及到一些法制常识，这就要求我们教师不应该消极回避这些知识，而应该积极主动地承担起讲述课文相关法制知识的重大责任。

譬如，在初中语文《羚羊木雕》一文中，"我"把家里的贵重物品（羚羊木雕）在未得到家长同意的情况下送给了"我"的朋友万芳，以此来表示小伙伴之间的友谊。家长则因为物品的贵重而要求索回，这就形成了一个从道德与伦理角度都不容易讲清楚的问题。

究竟是顾及孩子们之间有友谊重要，还是孩子应该听大人的话重要？事实上，如果仅仅从道德伦理的角度讲，这确实是个很难回答的问题，因为孩子与家长双方似乎都有自己的理由，似乎谁都没错。怎样才能对此给出较有说服力的解释呢？只能从法律的角度寻求答案。

我国的《民法通则》对于自然人的民事权利能力和民事行为能力有明确的规定。《民法通则》第十一条规定：*18 岁以上的公民是成年人，具有完全的民事行为能力，可以独立进行民事活动。第十六条则规定未成年人的父母是未成年人的监护人。*

由此可见，课文中的"我"把羚羊木雕在未得到家长同意的情况下就送给别人这件事究竟是否正确，首先应该看是否符合有关法律规定。

根据课文内容，"我"的年龄应该是在 *16* 岁以下，因此"我"的行为应该得到法定监护人（即家长）的同意。课文中的"我"在并没有取得法定监护人同意的情况下，就把家里的贵重物品羚羊木雕送给别人显然是不对的。因此，对课文中提出的"我"究竟应该怎么办的问题，正确的回答是首先应该按法律办。

又如，在讲到唐代现实主义大诗人杜甫的《石壕吏》的时候，需要给学生讲一讲社会主义新中国现行的《中华人民共和国兵役法》。中华人民共和国的公民有履行兵役的义务，但是已经远远不像以前的封建社会一样，国家想什么时候征兵就什么时候征兵，想征用谁就征用谁，而是具有一套完备的法律制度，并且十分合理化和人性化。

书中悟"法"

学生读书阅读，这个看似是和法制教育风马牛不相及，实际上却不是这样，如果我们能够利用好这个途径，就可以收到意想不到的效果。

以情节曲折、人物形象鲜明生动的《水浒》为例，《鲁提辖拳打镇关西》一文，人物形象鲜明，描写手法精妙，教师在引导学生阅读时，都注重了鲁提辖值得歌颂，因为他嫉恶如仇，仗心相助，而郑屠仗势欺人，自私可恶，应该被打死。作为教师，是否可以考虑周全，让学生评论郑屠是否该死？即使该死，是否由个人快意恩仇？要让学生明白，这种行为在宋朝，在今天乃至将来都是一种犯罪。

语文教师应当引导学生多读好书，并使之养成一个终生受益的良好习惯。比如让学生经常阅读"四大名著"、《堂吉诃德》、《老人与海》等古今中外的文学巨著。此外，建议学生利用业余时间阅读《读者》、《青年文摘》、《意林》等优秀刊物杂志。

另一方面，教师还需要讲讲不健康书籍给学生造成的巨大危害，并告诫学生要远离暴力、黄色等不健康书籍。通过讲述一些由于看了不健康书籍而走上邪路的反面事例来教育所有的学生切勿接触这类书籍。

总之，让学生读好书并因此受到熏陶，学生久而久之就可以把书中的一些思想变成具体的实际行动，进而每一个人都可以站得正走得直。

玩中学"法"

每学期，我都会在班里举行许多形式多样内容丰富的课外活动。通过这些活动，不仅可以进一步激发学生的学习兴趣，而且还可以提高学生的各种能力。除此之外，我们还可以将法制教育巧妙地融合到这些活动之中。

教师可以组织一些关于法制教育的主题演讲比赛，例如举行"珍惜青春，远离网吧"演讲比赛，让学生清醒地意识到自己不应该沉溺网吧，而应该把自己的大好的青春年华用在学习之中，争取早日获得佳绩来回报自己的老师、父母和其他亲人；举行"青少年如何进行自我保护"演讲比赛，学生就可以明确地了解采取什么方式才是真正的自我保护等等。

还可以开展一些学生辩论赛，主题可以设置成这样："我们究竟该不该和陌生人说话"，"钱是不是万能"，"当官就一定要贪污吗"……

处事用"法"

周末、国家法定节日和寒暑假，学生不应该一味地坐在电视机前面观看电视连续剧，而应该锁定中央电视台的法制频道，观看这个栏目的各个法制节目。法制频道的"今日说法"、"法律大讲堂"等节目，可以让每一个人从中收获到终身受益的法制常识。

另外，我还会有意识地给学生灌输一些法律知识，告诫学生不能允许自己有不良的想法和行为。学生如果哪一天无意之间违反了国家法律的某条规定，一定要积极主动地配合有关部门进行妥善解决。例如，你某一天开车不小心撞伤了一个人，千万不要因为担心惧怕而逃之夭夭，而应该主动报警，积极妥善地处理善后事宜，这样才是一个遵纪守法的好公民。

实践证明，把法制教育引入语文教学，不仅有利于加强学生的法律意识，而且有利于提高学生遵纪守法的自觉性，通过这些看得见摸得着的法制教育，让学生根除大脑中的各种贪心邪念，不违法乱纪，踏踏实实做事，堂堂正正做人。

16. 语文教学中"教学民主化"的运用

知识经济时代已经来临，它正引发起着教育的嬗变。随着教育形势的飞速发展，"教育民主化"已成为全世界所有国家和所有与教育有关的人最关心的问题。我校是一所新创办的国有民营学校，招生生源比较特殊。来自不同地区的学生既有城乡之别、家庭文化背景之别，也有学习品质和个性心理的差异。

要想实现"人人享有均等的教育机会，人人享受高质量的教育"这一办学目标，就必须实现"教育民主化"。我校在建校伊始，就确立了"国有民营学校教育民主化的尝试"这一科研总课题。结合教学实际，笔者在语文教学中开展了"教学民主化"的有效尝试。

"教学民主化"的理论依据

（1）"以人为本、尊重学生"的教育理念　马克思说："每个人的自由发展是整个社会健康发展的前提。"教育的终极目标是追求人的全面发展。因此，"以人为本、尊重学生"这一教育理念在教学实践中便可以从"教学民主化"中得以体现。学校教育应努力培养学生的主体性，并充分尊重学生，让学生自主确定学习目的，自觉参与学习，实现自我的充分发展。

（2）"因材施教，面向全体"的教育思想　著名教育家孔子就曾提出"因材施教"的教育思想。每一个人由于先天禀赋和后天环境影响不同而存在差异，人的生理、心理的发展素质、发展速度都会有所不同。"教学民主化"提倡人人享有均等的教育机会，但并不意味着就是对学生实行"一刀切"式的统一教学，而是承认个体差异。因此贯彻因材施教的教学原则，便是"面向全体思想"的具体"外化"。

（3）"培养创新精神和实践能力"的教育目标　我们的教育观念，尤其是教学观念需要从以传授书本知识为中心，转变到以培养学生创新精神和实践能力为中心上来。这是目前素质教育的重点。马斯洛说过："人的创造力有两种，一种是有特殊才能的创造力，一种是自我实现的能力。"教育培养创新精神和实践能力，应同时开发这两种创造力。"教学民主化"的探索目标与素质教育的这一目标是相一致的。

"教学民主化"的基本特征

（1）教学对象的全面性　教师首先要确立每个学生都能成才的观念；其次是面向全体学生，引导和鼓励每一个学生不断进步，超越自我；再次是要注重培养学生正确的自我意识，让学生学会自我评价，自我调节。

（2）教学氛围的民主性　师生民主是"教学民主化"的前提。教师注重创设平等和谐的教学氛围，努力把微笑带进课堂，把表扬激励带进课堂，把竞争参与带进课堂，以调动全体学生学习的积极性和主动性。心理学研究表明：学生在轻松和谐愉悦的教学氛围中易于激发创造性思维和丰富的想象力。

（3）教学过程的主体性　树立教师"教"是为学生"学"服务的教学观念，充分发挥学生自身积极性和主体作用。强调多给予学生自主地创造性地学习的空间和时间，让他们在"动"起来、"活"起来的过程中有创造的体验，以此来彻底改变过去"灌输注入式"的传授教育为"自治主体式"的创造教育。

（4）教学形式的开放性　教学形式的开放既包括教学手段的开放，也包括教学方法的开放。教学手段提倡采用多媒体辅助教学，发挥现代教育技术的整体优势，增加师生课堂交流的机会，优化教学过程，从而实现个性化、主体化教学。教学方法的"开放"，主要是指教师改变过去的"注入式"、"讲授法"为现在的"发现法"、"联想法"、"比较法"、"讨论式"、"启发式"等。

教学中"教学民主化"的尝试

（1）倡导自主学习，发挥整合优势　自主和合作学习，是指充分尊重学生的主体性，追求学生主动求知，培养个人的独创能力，同时注重师生之间、生生之间的合作，相互促进激活思维，达到"教学相长"的目的。叶老云："教是为了达到不需要教。"教育的功能不是简单的知识传授，而是教给学生方法，培养学生的综合能力，从而实现自主发展。自学是"放"，合作是"导"，树立师生、生生"合作"思想。在"放"中激励学生树立创新意识，在"导"中提高学生的创新能力。

比如在文言文教学中，改变以往教师"串讲"为主，学生听记的教学模式。首先要求学生结合注释和查阅工具书，自主学习翻译课文，并要求学生养成根据上下文推断文意的能力，碰到疑难之处发挥"合作"学习的优势，师生共同讨论。这样让学生发挥自主和合作学习的优势，突出了学生的自主性。因此教学效果很不错，学生掌握得更清楚、更牢固。

（2）实施主体性教学，培养创新精神　主体性教学，就是指尊重学生的主体地位，培养学生的主体意识与精神，在教师的指导下，最大限度地发挥学生的主体性，以获得最佳的教学效果。

①构建学生主体观　教师只是提供各种可能，让学生做出创新判断和选择，始终凸现学生的自主活动，教师允许学生课堂争议，鼓励学生敢于发表自己的独到见解，给学生提供自主学习的机会和时间。如教学《皇帝的新装》一文时，让学生自编自演课本剧，并展开丰富的想象，编写皇帝游行回宫后的故事等教学活动便是充分尊重学生的主体性，让他们创造性地学习。

②树立民主教育观　在教学中，让学生有自由朗读、思考问题的时间，有提问题、训练语言应用的机会，有发表见解、参与辩论、纠正别人错误的权利，有求同存异、发现别人未发现的问题，从不同角度探索解决问题的新途径。

③重视培养学生的思维　思维训练是培养学生主体性的基础。将学生观察、体悟、感受、发现、应用、创造等思维过程放在首位。提倡思维方式多样化，如发散性思维、求异性思维、推想性思维、迁移性思维、批判性思维等，鼓励学生不断创新。

④重视建立自主性教学模式 把培养学生自主学习的能力放在首位，吕叔湘先生早就提出："教学的目的首先是培养自学能力，让每个学生的学习潜力都能够充分发挥出来。"变"封闭式"教学为"开放式"教学。如作文教学：改变过去的"范文赏析——写作借鉴——作文实践——教师讲评"的教学模式，为"确定目标——自由创作——互评互改——范文比照——总结提高"这一新的训练模式，突出学生的主体性。

（3）贯彻因材施教原则，实现个性化教育

①认真处理教学内容 不对学生提出整齐划一的要求，而是根据教学大纲和社会对人才的需求层次以及学生的智力水平相应地给教学内容划分层次。

对知识的理解、掌握、应用等都分设低、中、高等不同层次，使不同学力水平的学生达到不同的要求。练习设计分设层次，让学生选做，让学生产生"跳一跳就能摘到苹果的体验"。而不会有望尘莫及的失落心态，或者丧失学习信心。

②精心安排教学环节 教师在找准教学内容的重点和难点的同时，认真了解和分析所教学生的实际知识水平，客观分析学生层次，精心安排教学环节。学完每篇课文都留出一些时间让不同层次的学生自由提问，师生合作讨论。

对优秀学生提出要求，让他们课外自读，思考更深更难的问题，锻炼其自学能力。对后进学生不提出不切实际的过高要求。例如指导学生学完教材后写课后阅读心得、读报剪报点评、课外阅读每日一题、美文赏析评点等便是针对不同层次的学生提出不同的具体要求，使他们真正做到人尽其才，人尽其力。

（4）引入现代教育技术，提倡语文教学观 语文教学应该引入现代信息教育技术，激励学生努力学习。比如电子多媒体读物，使学生将阅读与感受、体验结合在一起，大大提高学生阅读的趣味性。

随着我校校园网的开通以及在互联网上运行，学生学习已成为一个完全开放的系统。学生可以查阅校园网上资料库，通过电子邮件等与教师、同学交互联系来完成学习任务。人们常说计算机是二十一世纪的通行证之一。因此语文教学引入现代教育技术是顺应时代的潮流，势在必行。

俗话说："纸上得来终觉浅，绝知此事要躬行"。语文学习的外延等于生活的外延。提倡语文教学要由课内向课外延伸，可以延伸到阅览室，延伸到学校生活，延伸到家庭与社会生活的方方面面。树立起为学生终身学习服务观念，指导学生主动关注社会生活。

在语文教学中，组织活动包括：①辩论会；②指导办手抄报；③自编作文集（写序言、写点评）；④课前三分钟演讲；⑤社会实践报告；⑥诗歌朗读；⑦剪报及评点（初二上）；⑧成语积累及应用（初一上）。努力实践"世事洞明皆学问，人情练达即文章"的语文教学观。

"教学民主化"的实施体会

语文教学中开展"教学民主化"的探索尽管处于起步阶段，但它已越来越为广大师生所接受，所呈现出来的旺盛生命力令人叹服。因为它不仅解放了多年来被禁锢的"以教师为中心"思想，实现了以"以学生为中心，以学生为主体"的教学观念的转变，而且还让每个学生都能找到成功的感觉，实现"教学必须面向全体学生"这一素质教育的总目标。语文课越来越受到学生的欢迎，学生学习的积极性和主动性在更大程度上被调动了起来。

当然在探索过程中也存在一些问题，这些问题又是一些新的课题，有待我们进一步深入探究。比如分层教学，实行"个性化教育"之后如何对学生进行评价？具体评价操作的标准和依据是什么？如何处理好学生的作业量与课外自主学习与活动之间的关系等等值得我们深思。

展望未来，任重而道远。我们的探索会越来越深入，为努力实现"既求人人升学，更求个个成才"的办学目标而奋斗。

17. 语文教学民主化的实践及思考

语文教学民主化，应是社会主义教育民主化的题中之义。在人人享有均等的教育机遇以后，还须正视这样一个不容疏忽的问题，即学生能否普遍受到平等的、民主的教学。民主化的教学观应是跨世纪教师现代意识中极其重要的构成部分，是否在心灵深层培植这种观念，这种教学品格，并在日常教学活动中予以充分的实施，是衡量语文教师心理素质和人格的尺度之一。

课堂教学专制的表现及其危害

现实的语文教学情况并不尽如人意。教学专制的幽灵给我们课堂教学投下了一种阴影，给当代中学生思想发育造成了严重束缚。如果轻视教学专制的严重危害而听任之，可能造成缺乏发散性、创造性思维的精神畸形儿。

在目前语文课上，教学专制有下列表现：

（1）轰炸式教学　不研究、不尊重学生的学习个性和智趣差异，也不思考、不探讨如何艺术化地、创造性地落实大纲所规定的教学内容，只是"地毯式"地将教学内容倾泻给学生。课后，也不听取学生的信息反馈，不主动了解他们吸收、消化情况如何。整个教学活动结构呈现出一种单向的三点式循环，即教参——黑板——学生笔记，结果是"上课记笔记，考前背笔记，考后全忘记"。表面看，这是教学方法的欠当，实质上是教学观念在作祟，即教师中心主义在作祟，将作为教学的接受主体的学生视为容器一类的被动工具。

（2）训斥式教学　这主要表现在对学生发言的评价态度上。本来，作为学习主体的学生自有其思维和表达的个性特点，其发言更不会完善无缺，对此已臻成熟的教师理当积极鼓励和热情引导，以促其踊跃思辨。但有的教师则不然：他们把自身摆在上位，以教训甚至斥责的口吻，居高临下地非难学生的发言，丝毫也不看到他们可取和进步的一面，同时又自觉不自觉地炫耀自身"智慧的优越"，客观上凌驾于学生的自尊和人格之上。

（3）压迫式教学　这是教学专制最典型和最集中的表现。有的教师总是排斥"微笑艺术"，甚至有意识地以阴天式的所谓"严肃"表情给整个课堂笼罩一层森严的氛围，给学生心灵造成沉重的威压。在教学的展开过程中，又冷酷和专横地压制学生的多向和求异思维，拒绝其创造性的发现。尤其讨厌个别智力超常学生的"放肆"，不惜以斫杀其思维活力为代价来维持课堂上的所谓良好秩序。

上述各种教学专制的表现，不过是择要例举，它们本质的特点在于：教学双方的关系不是建立在人格平等、自然和谐的基础上，缺乏连结心灵的情感纽带，造成人性的扭曲和人伦的异化。

从现象看，也许课堂上的气氛是平静的，而实际上师生的心理距离和心理对峙足以随时撕破这种表面的平静。即使教学能够在高压下"安然"维持下去，但这种专制作风给教学造成的巨大损失已无可挽回。

作为有机主体的学生，由于受专制作风的沉重压抑，智力的发展受到严酷的束缚，诸如多向的分析、独立的判断、创造性的发现等优异的思维品格都很难发展。不仅如此，各种非智力因素也受到斫伤，主动进取，自觉追求的激情减弱了，带有个性特点的志向和兴趣冷却了，应该受到激励的自主意识被消极、冷漠、少有乐趣的被动学习所取代。久之，作为能动主体的人格力量也削弱了，一切只是围绕教师这个中心旋转。

语文教学民主化的若干实践

作为教学专制的对立面，教学民主则是现代民主意识在教师身上的美丽折射，是在课堂教与学的过程中粲然的闪耀。它体现为：教师始终以平等亲和的态度去对待正在成长中的年轻一代，不但尊重他们含苞怒放的智慧、情感和志趣，也尊重其各不重复的个性、可爱的单纯和烂漫的天真；不但尊重他们与己和谐的求同思维，而且也尊重其新锐有余、成熟不够的求异思维。

总之，从人格平等的基本观念出发，不是将学生视为容纳知识的器皿，也不仅仅是接受启蒙、开凿混沌的教育对象，而是人，是真正意义上的新生主体，是未来的思想家、科学家、政治家和诗人，是新世纪的开拓人和创造者。这就需要教师将感情的立足点完全转移到学生身上来，与之同呼吸，共悲欢，再度品味求知的艰辛与幸福。这就需要教师不但具备丰富的知识、艺术化的教学能力，而且具有高尚的人格、恢宏的襟怀、开放型的思维模式，从而有足够的心理能力来承受大胆的质疑和独立的批评。

至于如何在语文课实施教学民主，笔者从教学的基本规律和所面对的实际教学情境出发，作了初步尝试。

（1）创造一种平等宽松的民主氛围　教室是展开教学的特殊环境，这里的感性氛围对置身其中的学生具有潜在的同化作用，而在教学的初始阶段，学生对室内氛围的第一印象尤为鲜明和深刻。

鉴于此，接受新班之始，在教室中张贴一些条幅，诸如："教亦是学，学亦是教"、"先做教师的论敌，再做他的朋友"、"争辩使人聪慧，缄默使人愚钝"等。同时，以饱含真诚的语言告诉同学们：一室之中，在座者均是主人，师生之间，只有年龄差别，没有人格不等。并且鼓励敢持批评意见的"反对派"的出现，从"吾爱吾师，吾更爱真理"的基本准则出发，不断提出独立判断，不断给老师提供完善思想的机遇。

这一系列气氛的渲染，只是为了达到一个目的：尽快泯灭师生之间的心理距离和人伦差异，为教学创设一种无拘束、无畏缩、畅所欲言、敢于争鸣的健康心态和活跃心境。

（2）提倡平等参与课堂双边活动　有师生之分，无尊卑之别。尤其教授文学作品，不同的接受者极易产生见仁见智的歧异，所谓"横看成岭侧成峰，远近高低各不同"即是也。故激励学生放胆而言，不苛求成熟与完善，使其平等地参与到教学进程中来。

基于有缺陷的发言胜于缄默这个基本观点，可以针对课文层层设疑，启发和引导学生展开"舌战"，在观点的碰撞中，闪耀智慧的光芒，让班集体中的每一位成员都切实感到"展览"思想的乐趣和荣耀。

尤其倡导对老师观点的合理"反叛"，引发师生之间的争鸣，使学生意识到：生未必不如师，师未必不可超越。从而消除对教师的盲目崇拜感，激发学生自尊自信自强，建立平等参与教学的新型师生关系。例如，在讲解澳大利亚作家泰格特的小小说《窗》时，倾向于这样的观点："墙"存在于视线中，而风景却存在于近窗病人的想象中，他以描述想象中的美景来给予病友充实和精神乐趣，而小说正是通过前者的美的品格来反衬后者的冷酷自私，从而揭示资本主义社会人际关系的丑恶面。经过阅读和讨论，大家逐渐趋近于这个"共识"。

然而，有位学生沉着地亮出了异见：近窗者也生活于资本主义社会，他的美在远窗者丑的对照下愈见光亮度，因此认为老师所引出的小说主题是顾此失彼，有所偏颇。该同学又比较分析了两位病人向窗口外望的视点高低、时间长短、心态平宁与紊乱这几方面的差异，认为：作为建筑，墙可以存在，远窗病人之所以用极端冷酷的手段夺得"窗口"却只看到光秃秃的墙而不见美的风景，是因为他视点低、时间短、动作和心态慌乱不堪。这样从审美的角度推出小说的主题应该是：目光短浅，心胸狭隘的自私者永远无法窥见美，因为他与美隔着一堵永恒不倒的"墙"。当即，这位学生赢得了许多支持和鼓励的掌声，也令笔者由衷赞叹：如果说该生的见解值得嘉许，那么他独立思考、敢于突破既定之见的胆识更该得到褒扬。

当然，并非学生的所有发言都完美无缺，教师首先应当肯定其思辨的勇气和可取之处，次则以诚挚的态度疏导、辨析，令其心悦诚服，保持继续主动参与教学进程的信心和热情，这正是实行教学民主的关键点。

（3）请学生平等地参与评学 在传统教学模式中，教师对学生的学习成绩具有最高的裁定权，却忽视了学生的自评与互评。这实质上也是漠视学生主体能动性的一种表现。

尤其当学生的自觉意识得到高度强化，内在的进取热情已得到激发，整个身心已沉浸在积极主动的最佳学习状态中，教师就应该在一定程度上审慎地把学业的自评与互评权交还给他们。这既是对他们的品质的信任和能力的锻炼，又能更加激发其活跃的主体意识，感受班集体内平等和谐的自由氛围。

基于上述考虑，笔者有限度地把一些客观型的定量作业，诸如抄写、默写、听写、背诵等交给学生们自检互评，取长补短；同时追补相应的监督手段，即不定期抽查，统批，了解情况，听取反映，及时纠正个别不良行为。

不但如此，笔者还在全面掌握情况的前提下，增加作文批改的公开性和透明度。除了结合恳谈与点拨的面批外，主要采取互荐基础上的公开评议。

具体做法为：先由教师与学生共同拟定该次作文的评级标准，然后以小组为单位，按标准互评（教师巡回辅导）；之后，组内推荐一定比例的优秀作文，由作者登台朗读；最后师生一起复评，决定等级，选出最佳作文。当热烈、真诚的掌声伴着笑声在教室中荡漾起来、溢出窗外，不但被举荐和褒扬的学生，而且其他同学都陶醉在亲切、和谐与喜悦的民主气氛中，眼神中闪烁着主动参与评学的自豪感。此时，也正处于教学的佳境，师生同享教学收获的欢乐，心与心紧密相贴，情与情融成一体。

（4）请学生平等地参与评教　这不但是对教师的教学能力、教学效果的测试，更是对其胸怀和气度，即是否具有宽容的民主意识的一种考验。

教与学是相辅相成、不可分离的两个组成部分，任何孤立的天马行空式的教法，即使教师才华横溢，亦不足取。作为具有现代民主品格和素养的教师，必然常常将关爱与探究的目光投向莘莘学子，倾听其意见，追踪其思路，探析其心态，从而不断调整自己的教学计划和方法，获取最佳教学成果。这中间，听取学生对教学的批评性意见，汲取其合理性成分，尤为重要。正因为如此，笔者主动邀请学生参与评教，把对教学的评估权交还给他们。

除了用公开形式调查学生对语文课的态度外，每学期定期举行评教恳谈会，请大家提出自己的感受、批评与建设性意见，并且声明：最欢迎有深度感的独立批评，因为这从另一个角度表明你对语文教师的爱护。

这样，众多学生从不同的角度，点点滴滴，议论纷出。他们的坦诚，他们用朴素的语言所表达的一管之见，使笔者真切领悟到：由于学生的思考是从自身的学习实际出发，故而任何高明的教师都不能取而代之。恳谈会后，每人以书面形式奉献至少一条意见，内容包括对语文教学不足的批评、改进措施，最后可以不署名。平时，学生们的大胆放言更经常性地表现为即时即兴、课前课后的点评。

通过无拘无束的思想交流，教师可以筛滤反馈的信息，及时评估教学情况，作出相应调整；并且由于发挥了学生作为接受主体的能动作用，使其"趋向鼓舞，中心喜悦"（王阳明语），主体意识更加强烈，创造性思维更加活跃，师生情感更为融洽。

实施教学民主的功效

德国完形心理学家莱温，四十年代曾在美国作了"关于民主的领袖作风"的实验研究，证明了教师引导学生在民主气氛中学习，可以提高效率。对此，笔者经过自身的教学实践，产生了强烈的同感。具体说来，至少可以收到下列几方面的成效。

首先，置身于民主气氛浓郁的课堂，就如种子得到了适宜的温床，接受主体的自我意识被催生、勃发，这样学生情绪高涨，"思想发表欲"强烈，课堂气氛呈现活跃、甚至沸腾状。通过讨论与争辩，学生的心理潜能极大地开发出来了。口头表达能力、思维能力均得到实际的锻炼，尤其是发散性、创造性和求异思维应运而生。

其次，作为教学上第二种力量的"反对派"的存在，可以对教师的教学工作保持适度的压力，使其时时谨慎，常常自省，不敢稍有懈怠。实际上，来自学生的智慧构成了对教师的另一种挑战、另一种竞争，敢于接受，则可使教学长期处于有生命力的活跃状态，否则，即趋萎缩，陷入疲软。

第三，学生感受到老师平等待人的民主作风，更激发对他的信赖和爱戴的感情，这样师生之间的所谓尊卑之别自然冰消雪融，作为教学之天敌的感情疏离与心理对峙就失去了产生的土壤。整个教学就在其乐融融的氛围中进行——而这种氛围正是一系列智力因素和非智力因素顺利发展的最佳环境。

第四，在教师春风化雨式的熏陶下，学生的民主意识得到强化，独立的人格结构渐趋确立，而民主意识和独立人格正是跨世纪现代新人所应该具备的宝贵品质与素养，这样教师在以言传形式完成知识传授的同时，也以身教形式的特殊魅力在执行着另一项应尽的天职，即铸造一代新人健全、完美的灵魂。正是在这样的意义上，教师才算是完整地履行着自己的使命——传播人类现代文明。

18. 实施语文教学民主化的方法

心理健康是青少年走向现代化、走向世界、走向未来建功立业的重要条件，培养学生健康的心理素质是素质教育的重要内容。

教师对学生心理健康的影响是巨大的。许多研究表明，教师的素质和学生的发展有着必然的联系，因为教师性格对学生发展的影响是长期的、潜移默化的，教师良好的素质特征，不仅时时感染和教育着学生，而且能为学生的健康成长提供良好的心理环境。

可在举国上下大力倡导素质教育的今天，由于受根深蒂固的"师道尊严"的影响，教师不尊重学生人格，甚至辱骂、体罚学生的现象，还是时有发生；在学科教学当中，忽视学生的学习心理成长，最终在精神及学业成绩上都产生很大负面作用的现象也是时有发生。

现实的语文教学现状主要是教师尚未彻底抛弃教学中的教师专制，如此做法必定给当代中学生思想造成严重束缚，如果对其听之任之，可能造成培养出缺乏发散性、创造性思维，缺乏独立人格的精神畸形儿。

语文课上的教学专制表现

首先，教师不研究、不尊重学生的学习个性和志趣差异，也不思考、不探讨如何艺术化地、创造性地落实大纲所规定的内容，只是填鸭式地将教学内容倾泻给学生，其结果势必会造成"上课记笔记，考前背笔记，考后全忘记"的恶果。

表面看这是教学方法欠妥当，实际上是教学观念在作祟。即教师中心主义在作祟。将作为教学主体的学生视为容器一类的被动接受的工具，这从实质上来说，也是不尊重学生人格的一种体现。提倡"教师为主导，学生为主体"的教学新模式势在必行。

其次，作为学习主体的学生有自己的思维模式和表达方式。由于学生的知识有着局限性，发言不可能达到完美，作为教师理应对学生进行积极鼓励和热情引导，以促进学生的踊跃思辨。然而，有些教师并不是这样做的，他们把自己摆在上位，以教训甚至斥责的口吻，训斥学生们的发言，看不到他们可取和进步的一面，同时也自觉不自觉地炫耀自身"智慧的优越"客观上凌驾于学生的自尊和人格之上。长此以往，势必会给学生的心理留下阴影，他们又怎会发挥自己的主动性和创造性呢？

再次，有些教师老是排斥"微笑艺术"，甚至带着严肃的表情给同学们上课，这使得整个课堂笼罩着森严的氛围，给学生心灵造成沉重的压力。这种做法，只有冷酷的一面，势必以扼杀学生的思维活动作为代价来维持课堂上的所谓良好形象。

上述种种做法的本质特点在于：教学双方不是建立在人格平等、自然和谐的基础上，缺乏连结心灵的情感纽带，即使教学能够在高压下"安然"维持下去，但这种专制作风给教学造成的巨大损失已无可挽回，给学生所带来的心理危害已不可挽回。这从根本上来说，是教师缺乏职业道德修养、缺乏民主意识，不懂尊重学生所造成的恶果。

美国教育家埃根等人在其所著《教师的策略》一书中讲到："教学中不存在一种可以适合于所有教学情景的模式或结构，不同的教学目标需要有不同的教学的策略相适应，世界上不存在一种万能的教学模式。"为了祖国的明天，为了学生的健康成长，我们在学科教育的常规课堂教学中必须纳入心理品质教育这一特定因素，因而必须重新构建一种能把学科教育和心理品质教育有机结合在一起的全新的课堂教学模式。

作为教学专制的对立面，教学民主则是现代民主意识在教师身上的美丽折射。它体现为：教师始终以平等亲和的态度去对待正在成长中的年轻一代，不但尊重他们含苞待放的智慧、情感和志趣，也尊重其各不重复的个性，单纯可爱的和烂漫的求异思维。

语文课的教学民主实施

（1）树立为学生服务的思想　为学生服务，就不应该强迫学生适应自己，而应努力研究学生的心理、原有的知识水平、接受能力，以使自己的教学适应学生的需要，要在教室内创造一种平等宽松的民主氛围，为学生创设一种无拘无束、畅所欲言，敢于争鸣的健康心态和活跃心境。

（2）建立互助的师生关系　教与学之间的关系，绝不是教师居高临下，我讲你听，我管你服的关系，而应该是互助的、平等的关系。一方面教师帮助学生学；另一方面，学生帮助教师教。在课堂发言中，提倡见仁见智，不可求成熟与完美，尤其提倡对教师观点的合理"反叛"，引发师生之间的争鸣，使学生意识到：弟子不必不如师，师不必贤于弟子，闻道有先后，术业有专攻，如是而已。当然，并非学生的所有发言都完美无缺，教师首先应当肯定其思辨的勇气和可取之处，其次则以诚挚的态度疏导辨析，令其心悦诚服。

（3）请学生平等地参与评学、评教　在传统的教学模式中，教师对学生的学习成绩具有最高的裁定权，却忽视了学生的自评和互评，这其实是漠视学生主体能动性的一种表现。尤其是当学生自觉意识得到高度强化时，教师就应当在一定程度上审慎地把学业的自评和互评权交给他们，诸如抄写、默写、听写、背诵等交给他们自检互评、取长补短，教师也可不定期的进行抽查，了解情况，听取反映，及时纠正个别不良行为。

在作文教学中，教师可以在全面掌握情况的前提下，指导学生互评互改。具体做法是：先由教师与学生共同拟定该次作文的评级标准，然后以小组为单位按标准互评，教师巡回指导，之后每组推荐一定比例的优秀论文，由作者登台朗读，最后师生一起复评，决定等级，评出最佳作文。通过评学，师生之间可以同享教学收获的欢乐，心与心紧密相贴，情与情融成一体。

请学生平等参与评教，这不但是对教师的教学能力、教学效果的测试，更是对其胸怀和气度，即是否具有宽容的民主意识的一种考验。作为具有现代民主品格和素养的教师，必然常常将关爱和探究的目光投向莘莘学子，倾听其意见，追踪其思路，探析其心态，从而不断调整自己的教学计划和方法，获得最佳教学效果，而教师最终也必将赢得学生的信任和尊敬。

总之，实施课堂教学民主化，是社会主义教育体制对教师提出的重要要求之一，也是教师提高自身师德修养的一个重要方面。教师只有全方位提高自身的素养，才有可能培养出德、智、体全面发展的心理健康的社会主义事业的接班人，教师只有具备了这一宝贵的品质与素养，才能完整地履行自己的使命，才能无愧于"人类灵魂的工程师"这一神圣称号。

19. 历史教学中进行民主法制教育的策略

民主与法制是人类历史发展进程中的重要政治现象。树立民主与法制意识是现代公民必备的基本素质。高中历史新课标在必修一、必修三和选修二中对民主出现的历史背景、民主思想与实践的历史过程和发展趋势做了详细、全面的介绍。

在历史教学中对高中生进行民主法制意识的教育，既是落实历史课"情感态度价值观"教育目标的要求，又有内容的依托。由于历史学科所学习的内容是人类历史发展过程中已经发生的现象，具有绝对真实性。

所以，在历史教学中对学生开展民主法制意识教育具有时效性。因此，结合历史教学对学生进行民主法制意识教育具有现实性和可行性。在教育过程中，最重要的是，要科学制定教育策略。

坚持教育的形成性原则，注重教育的过程

根据认知心理学家皮亚杰提出的儿童认知发展理论基本原理，我们可以了解到，学生在与周围环境相互作用的过程中，逐步构建起关于外部世界的知识，从而使自身认知结构、价值观都得到发展。

学生与环境的相互作用涉及两个基本过程，即"同化"与"顺应"的过程。通过同化，学生把外部环境中的有关信息直接整合到自己原有认知结构中去；通过顺应，学生把自己认同的价值理念融合到外部世界中去，对自己的认知结构进行重组与改造。通过调查，随着我国经济体制改革深入发展，学生同社会其他各界一样，希望推进我国政治体制改革的进程。加强社会主义民主与法制建设是我国政治体制改革的方向。

因此，学生对民主与法制建设很感兴趣，在培养学生民主与法制意识方面就有了基础。通过进一步学习，学生在民主与法制意识培养的问题上，就有一个量变的过程。通过量变，到一定阶段，就会发生质变，即达到"顺应"境地。

所以，我们对学生的民主与法制意识的教育，就需要坚持形成性原则，循序渐进，在潜移默化过程中培养学生的民主与法制意识。

坚持教育的形成性原则，就要做到教育过程的计划性、方式的多样性。

这个过程恰好与高中历史教学的过程同步。我们因此制定了对学生进行民主法制意识教育的两年计划。

在内容上，通过高一阶段的必修一人类政治文明进程和高二阶段的必修三人类文化发展历程的学习，促进学生认识我国和西方在民主法制建设中不同的国情。在农耕经济条件下，中国古代君主专制的中央集权制度形成发展过程及其对中国社会发展所起的作用，是当代中国开展民主法制建设的历史基础。中国经历了两千多年的君主专制统治，已经形成了一种传统势力，这种传统力量在中国社会发展过程中主要起着积极作用。

例如，全国政令的高度统一，维护了中华民族的统一，维护了中华民族的独立，有效地组织了全国性的大规模经济建设，产生了领先于世界两千多年的中国式的农耕文明。一直到康乾时期，中国经济总量还是在世界上处在领先位置。而且，中国古代的民本思想，虽然不能等同于民主思想，但也表明中国社会还是存在着一定程度的民主氛围的。

中国文化的纷繁多彩，思想的异彩纷呈，就是证明。与此相应的，西方民主与法制意识是建立在多种经济形式主要是工商业经济基础上的。西方的工商业经济经历了一个曲折漫长的发展过程，古代的雅典民主政治、近代西方代议制政治，以及相应的思想文化成果也经历一个漫长的曲折发展过程。而且，西方的民主，本质上是少数人的民主，一直到今天，虽有所发展，但本质依然没有改变。

我国今天要建立的是绝大多数人的人民民主，时间只有五十余年，而且经历了文革期间的曲折，还或多或少地受到过去两千多年的历史传统影响。中国式的民主与法制是一种全新的创新性民主与法制体制，所以，现代中国的民主与法制建设任重而道远，也有一个渐进的过程。这样教育，就达到了促进学生认识中国和西方在民主法制意识建设上的不同国情的教育目的。

在方法上，我们采用了多种形式的教育方法。这些方法，归结起来有三类：

（1）形成学生正确的认识　结合教学内容，教师提出一些建议性的学习课题。例如，中国古代君主专制的中央集权政治是怎样形成和发展的，如何正确认识古代雅典民主政治等等。教师事先准备或学生按教师的要求做好相关资料的准备，由学生提出设想、假设，开展学习活动。

（2）形成学习的成果　学生与周围环境的相互作用，对于学习内容的理解起着关键性的作用。例如，在古代雅典民主政治的学习中，我们组织了这样一个研究性学习题目：苏格拉底是学生熟知的古希腊著名的哲学家、教育家。但是，公元前 399 年，雅典民主法庭以"不信神"和"误导青年"的罪名判处他死刑。为什么雅典民主法庭会对如此伟大的思想家作出如此的判决呢？这又说明了什么？"从苏格拉底审判得到的"为题的研究性学习形成了。通过协作学习，学生写出了一些有一定质量的小论文，得到了正确认识。

（3）学生进行自主学习　课题由学生自己或教师提出，整个过程都由学生自己独立进行，教师仅仅担当学生学习的辅助者和组织者。

上述教育过程，也就构成民主与法制意识教育的"同化"过程。

坚持教育的选择性原则，强调教育的针对性

高中历史课中，对学生开展民主法制意识教育的内容是非常丰富的，但学习时间有限，且受到学生人生经验、认知水平等因素的制约，不可能穷尽这种教育的全部内容，只能选择典型的、能帮助学生澄清模糊认识的、符合学生认知特点的内容，开展教育活动。所以，在对学生进行民主法制意识教育过程中，要坚持教育的选择性原则，提高教育的针对性。

归结我们的教育实践经验，主要选取了三个方面的教育材料：

（1）引导学生认识民主和法制是人类政治文明发展的产物和进步成果，增强参与民主法制建设的主动意识和积极性。

例如，西方近代代议制政治发源于 13 世纪的英国，经过了漫长的 6 个世纪发展，直到 19 世纪中期，代议制政治才在西方普遍建立。代议制民主政治促进了西方社会的稳定发展，为和平解决国内矛盾提供了有效途径，促进西方国家内部政治的稳定，为经济持续发展提供政治保障。这是进步的。

但是，六百余年来，不少仁人志士为此进行了艰苦的斗争。英国的民主政治就经历了这样一个过程：13 至 17 世纪，经过和平的、暴力的斗争，建立了议会主权，其中就包含了克伦威尔等为代表的一批人的艰苦斗争；到 18 世纪，形成政党政治和责任内阁制；到 19 世纪中期，成年男子获得普选权，其中就经历了普通工人参加的宪章运动。到 20 世纪 60 年代末，18 岁以上的男女公民才获得了普选权。从这里可以看出，西方的民主不是从天而降的，而是人民参与逐步建设的。中国新式的民主与法制建设，也要有中国公民，包括高中阶段的青年学生主动地、积极地、正确地参与。这样就养成了学生在民主法制建设方面的参与意识。

（2）引导学生认识民主和法制建设是一个不断完善的过程，增强学生对我国现代民主法制建设进程的理解与支持。

选择典型材料就可以说明这个问题。前文谈到的英国，其民主与法制建设经历了 7 个世纪之久。标榜最民主的美国，其民主政治也经历了几个世纪，是一个不断完善的过程。1781 年，美国宣布建国，1783 年宣布独立，1787 年制定宪法。此后，经过多次修订，直到 1992 年还产生第 27 条修正案。尽管美国在法律上比较完善地解决了民主与法制问题，但美国社会的传统势力依然根深蒂固，公民的民主与法制意识依然有待加强。

据报道，尽管美国早就废除了种族制度，但美国著名黑人球星科比·布莱恩特于 2001 年 4 月 18 日与白人女子瓦妮莎·莱娜结婚，立即引起美国社会的争议。此前，科比·布莱恩与瓦妮莎·莱娜的恋情只能秘密进行。这不是对美国民主制度的讽刺吗？结合高中历史必修一的内容，我们可以看到，新中国成立以来，民主与法制建设取得了巨大成就，但其中遇到过文革的破坏。所以，民主与法制建设是一个曲折发展的过程，是一个不断完善的过程。学生了解这些情况，对我们今天民主与法制建设的进展就有了理解与支持。

（3）引导学生认识参与和尊重民主与法制建设是每一个公民的权力与义务，增强学生参与民主与法制建设的使命感。

一个社会，一个国家，都是由每个人组成的。每个人既是社会民主与法制建设的参与者，又要尊重社会民主与法制建设的成果。这方面的事实很多，前人已经做出了表率。苏格拉底、华盛顿都是例子。今天看来，苏格拉底"不信神"和"误导青年"的罪名都是莫须有的罪名，雅典民众法庭却判处他死刑。苏格拉底的学生为此替他说情，本可以免死刑，但苏格拉底尊重法庭审判。华盛顿是美国开国元勋，第一位选举上任的总统，连任两届总统之后，他不再连任。其间，有人劝他与大多数国家一样，称君主，建立家天下，华盛顿进行严厉批评。

一个社会的民主与法制建设，就是公民自己民主与法制意识加强的结果。这就有利于增强学生参与民主与法制建设的自觉性和使命感。

这种教育，具有选择性。以事实为依据，事例典型，与教学紧密结合，针对性强，说服力强，教育效果当然就比较理想了。

坚持学生为主体的原则，讲求教育的实效性

学生是受教育的主体，只有学生愿意接受教育，并将受教育的成果变成自己的自觉行动，教育的实效性才会最高。著名教育家陶行知先生在这方面为我们提供了理论指导和实践的示范。他提出教学做合一的理论。他说，教的法子要根据学的法子，学的法子要依据做的法子。为此，他提出了六大解放的主张，即解放学生的头脑、解放学生的双手、解放学生的嘴巴、解放学生的空间、解放学生的时间。

民主与法制意识教育，是一个严肃而枯燥的话题。只有借鉴六大解放思想，发挥学生主体性作用，这个教育过程才显得生动活泼。

（1）结合教学内容，推荐阅读材料，让学生自己去接触、思考、感悟人类民主与法制建设成果，促进学生由感性认识飞跃到理性认识。

例如，在学习新中国民主与法制建设成就时，我们不光列举建国后的成就，还推荐学生读 1982 年《中华人民共和国宪法》、美国 1787 年宪法等原文，推荐学生看凤凰卫视播放的"李敖有话说"栏目，学生对民主与法制建设就有一个时间、空间的比较，形成感性认识。

（2）组织学生讨论，促进学生这个同年人群之间思想火花的碰撞，提高学生的个体认识。

例如，我们学完"从科学社会主义理论到社会主义制度的建立"这个单元，给出了一些问题："马克思主义是不是民主"、"苏俄政权的建立是不是新型民主的发展"等，指导学生访谈老师和其他社会人士，并就此开讨论会。通过讨论，学生进一步明确了对民主的认识。

（3）组织学生参加调查、参观等活动，了解中国现代民主与法制建设情况。

组织学生上网了解现代中国立法情况，香港、澳门基本法执行的情况，参观村委会、居委会等基层民主选举情况，旁听学校领导定期进行的述职报告等。

上述活动，落实了六大解放，发挥了学生学习的主体作用，使民主法制意识的教育落实到学生的生活中，深入到学生心底，增强了教育的实效性。

对高中学生进行民主与法制意识教育，是落实历史课程三位目标的重要举措，是发挥历史教育功能的重要途径。其教育策略还有待于进一步探索。

20. 小学语文教学中的法制教育

少年儿童是祖国的未来和民族的希望，而公民法律素质的高低，尤其是未成年人法制观念的强弱，更是一个国家法制建设民主化、科学化程度的重要标尺。

2000 年 2 月，江泽民同志在《关于教育问题的谈话》中指出："教育是一个系统工程，要不断提高教育质量和教育水平，不仅要加强对学生的文化知识教育，而且要切实加强对学生的思想政治教育、品德教育、纪律教育、法制教育。法制纪律教育是素质教育的重要内容，遵纪守法是我国 21 世纪创新型人才必须培养的基本素质。目前在校的中小学生，正是 21 世纪我国社会主义现代化建设的预备队和生力军，切实加强对他们的法制教育，从小培养他们的法律意识，教育他们学法、知法、守法、用法，进而增强他们的法律素养，深化社会主义法治观念，不仅是加强对未成年人的保护、遏制严峻的未成年人犯罪发展态势的现实要求，也是实施科教兴国战略的基础性工程，更是实现依法治国方略，建设社会主义法治国家的百年大计。"

由于我国党和政府十分关心和高度重视，青少年犯罪率在世界上一直是比较低的。但近年来由于各种消极因素和不良环境的影响，我国青少年犯罪率日渐突出，给社会、家庭和个人造成了严重的危害和巨大的不幸。

当前，青少年违法犯罪的现状不容乐观，可以用"数量多、危害大、蔓延快"九个字来概括。从数量上看，全国约 2.5 亿学生，其中违法犯罪青少年约占青少年总数的万分之六。大城市更高，达到万分之二十点六。其中青少年犯罪占刑事犯罪的比例达 70% 左右，少年儿童正是长身体、长知识，人生观和世界观逐步形成的时期。在这个时期，他们在思想认识上渐趋成熟，敏感好奇，富于想象，喜欢模仿，但辨别能力差，以致在追求新奇刺激面前，极易受不良影响而导致违法犯罪。我们所教的学生他们正处在生理和心理的生长发育阶段，具有极强的可塑性。

那么如何才能使他们在人生的道路上既学到了知识，又不走错路呢？我想就应该从小培养学生的法律意识，进行法律素质培养，不仅可以预防和减少学生违法犯罪，更重要的是可以促进他们养成依法办事，遵纪守法的良好习惯，促进学生的健康成长。而小学语文教学在法制教育这方面有得天独厚的作用。因此，在语文教学中，我们可以凭借学科特点，通过多种途径进行法制教育。

语文课堂教学要贯穿法制教育

语文课堂教学就是实施小学法制教育的主要场所。我们要善于结合实际，既深刻挖掘德育内容，又巧妙设计渗透方法。在向学生传授知识的同时，充分挖掘里面的教育因素，把握时机，适时渗透，使学生在"随风潜入夜，润物细无声"中受到教育。

《我的战友邱少云》一课感人至深，是对学生进行思想教育的一篇范例。在教学时，我抓住"烈火在他身上烧了半个多钟头才渐渐地熄灭。这位伟大的战士，直到最后一息，也没挪动一寸地方，没发出一声呻吟。"中的"一寸"、"一声"这两个关键词，让学生理解烈火烧身是即使发出"一声小小的呻吟，一点小小的挪动"也是无可厚非的，但邱少云没有这样做。引导学生理解邱少云为了战友的生命安全，为了整个战斗的胜利而献出宝贵的生命的自我牺牲精神和集体主义精神。教学进行到这里，可以说已经基本完成了课文的德育目的。但我们还可以通过进一步的深入挖掘，找出对学生进行遵纪守法教育的渗透点。我让学生设身处地的想一想：当时他为什么没有那么做？如果这样做了会有什么样的后果？接着引导学生通过进一步阅读课文明白：咳嗽一声或者蜷一下腿，都可能被敌人发觉。那么"我们整个班，身后的整个潜伏部队都会受到重大的损失，这一次作战计划就会全部落空"。从而提出每一个小小的疏忽都能带来严重的后果这个浅显却又深刻的道理，引导学生联系生活实际进行论证。这样通过引申拓展，引导学生明白什么情况下应该怎样做，什么情况下不应该怎样做，什么情况下不能怎样做，对学生进行遵纪守法的教育。

另外在教《钓鱼的启示》这篇文章时，我先引导学生思考面对这条比规定的捕捞时间早了两个小时的大鲈鱼，"我"和父亲的态度一样吗？这时我启发学生思考"父亲为什么要'我'把钓到的大鲈鱼放回湖里去?"这个问题。学生在自读自悟中，慢慢领会了其中蕴含的深刻的道理。教学的目的也就基本达到了。接着我又引导学生从父亲的动作"划着""看了看""盯着""看了好一会儿"，想想此时父亲会想些什么？他又是怎么做的，怎么说的呢？从而让学生理解父亲从小严格教育"我"，是想让"我"成为一个不贪便宜，诚实守纪的人，进而达到了对学生的法制教育。

在教《一个小山村的故事》一文时，大家看到一个美丽的小山村，由于人们过度的砍伐树木，致使土地裸露，极大地削弱了森林的防护能力，终于在一场连续的大雨之后，咆哮的洪水将小山村卷走。同学们都为之叹息、惋惜。大家都说小山村的人们呀，你们真的不该这样做，多么美丽的村庄就这样毁于一旦。使学生深深地知道了不爱护自然，就必然受到大自然的惩罚，毁坏山林就是毁灭自己，从而知道了保护生态环境的重要性。讲课文的过程中也讲到了毁坏森林就是违反了《森林保护法》，也要受到法律的制裁。这样学生在学习语文课程的同时，也受到了一次深刻的法制教育。

在作文教学中融入法制教育

叶圣陶先生指出作文教学思想的精髓就是"教作文与教做人的

统一"，如何在作文教学中处理好这个"统一"，是语文教师经常遇到的一个问题，依据作文的自身特点，可对学生进行生动而全面的法制教育，因此，应该把作文教学视为教育的重要课堂。正如一位同学在学完《钓鱼的启示》一课时谈到：我敬佩文中那位父亲，看到他我不由得想起了我的父亲。父亲的一生是平淡的，没有什么财富可得，但他正直诚实，他用很高尚的道德标准要求自己。我无时无刻不在受父亲的影响，慢慢地拿他的行为准则来衡量自己，我不会在无人看管的信号灯前违规，不会随手丢掉一张纸屑，不会把多找回的零钱据为己有……我也要向他们学习成为一名遵纪守法的好学生。

写日记也是渗透法制教育的一个重要渠道。有位教育专家说过："日记是道德长跑，每天坚持，促使人心灵求真向善爱美。"学生写日记是说真话，说心里话，这便起到了使人求真的作用。同时，写日记能规劝自己上进，劝人改过。作为语文教师，我充分利用日记这种写作形式，学生联系生活中不文明、不规范行为，乃至违法犯罪现象，通过日记这个载体进行内心的真实表露，接受深刻的教育。同时通过批阅，对学生进行面对面的心理健康指导，针对性地进行日常行为规范教育和法制教育。

在语文实践活动中引入法制教育

生活是学生取之不尽，用之不竭的教育素材。学生是生活中的人，他们在成长过程中必然会耳濡目染一些社会现象。语文教学中，我们除了要积极缩短教学与生活的距离，将学生的感性认识和理性认识统一起来，还必须主动拓展教学空间，开展丰富多彩的课外活动，引导学生在社会实践过程中得到情感的体验，从而巧妙的渗透德育内容和法制教育内容。

（1）利用品德课、队课 每学期开学初，我都能根据学校的要求，利用品德课、队课等时间组织学生学习《小学生日常行为规范》、《学生守则》、《防未成年人保护法》、《义务教育法》、《公民道德建设纲要》等，学生在学习这些法律知识的同时，也对照自己的行为，不断提高法律意识，为学生遵纪守法奠定了基础，取得了良好的教育效果。

（2）利用周会、班队会　以周会、班队会为依托，积极开展好"发在我身边"、"做一个文明遵纪的孩子"、"远离毒品、珍爱生命""争做小律师"等学习主题的班队会活动。实际教育中，我利用班主任工作的优越条件，组织学生开展了丰富多彩的活动，要求学生积极收集与学生生活联系紧密的违法事件的资料，开展讨论交流，通过广泛参与，使学生积极主动的学习法律知识，接受一次次的法制教育。

（3）积极开展各项活动　积极开展演讲、征文、讲故事、编课本剧等活动，培养学生遵纪守法、诚信待人等良好习性。比如开展"诚实与信任"演讲比赛，全班同学就这个课题收集了大量材料，较全面地讲述了诚信在社会生活中的重要作用，并决心做一个诚实守信的孩子。通过开辟法律专栏，组织开展知识竞赛、主题座谈会、法律宣传咨询、征文、演讲等系列活动，增强青少年依法自我保护的能力和全社会保护青少年合法权益的意识。

（4）学校与家庭的配合作用　家庭的配合是学校工作的主要一环，我们通过教师家访、定期召开家长会、举办家长学校、建立学校与家庭联系制度等，充分发挥家长在法制教育中的作用，努力实现家校互动，提高法制教育的质量。

选择渗透点的方法还有很多，但有一条原则是共同的，即寻找和探求课文中思想火花的迸发点，只要我们从这个基本点出发，实事求是，结合学生思想进行教育，这样就能不断提高学生的法律意识。

所以，教育好下一代，不光是使他们学到扎实的科学文化知识，更重要的还要教育好他们如何做人，懂得做人的道理。在小学阶段就要对他们加强社会主义法制的教育，使每个学生都要学法、守法、用法，用法律武器来保护自己的人身权利。教育学生做一个守法的好公民，培养学生的良好学习习惯，将来成为社会主义事业的建设者和接班人。

21. 小学语文教学中渗透法制教育

少年儿童正处在生理和心理的生长发育阶段，具有极强的可塑性，是我们国家的未来、民族的希望。公民法律素质的高低，尤其是未成年人的法制观念的强弱，更是一个国家法制建设的民主化、科学化程度的重要标尺。对小学生从小进行法律意识培养和法律素质教育，不仅可以预防和减少学生违法犯罪，更重要的是使他们养成依法办事、遵纪守法的良好习惯，促进他们健康成长。

叶圣陶曾经说过："学语文，就是学做人。"现行语文教材中涉及法制教育的素材有很多，是渗透法制教育的最佳途径。语文学科中蕴涵着丰富的思想品德教育因素，我们应当充分挖掘教材，在传授知识、培养能力的同时，结合实际，进行学科渗透，巧妙地融法制教育于语文教学之中，让学生从小就树立法制观念，确保青少年的健康成长。充分、合理、科学地挖掘语文课程中的法制教育资源是一种现实、可操作而又有实效的途径。凭借学科特点，让法制教育取得"潜移默化，润物无声"的效果就显得尤为重要。

在课堂教学中渗透，树立法制观念

语文课堂教学是实施小学法制教育的主要场所。在科技迅猛发展的当代，学校教育也已不能仅仅满足于对知识的获取和积累，学生也不应仅仅具备读写计算能力，更要求他们具有生存能力，而语文教学在完成学校德育工作任务方面有着得天独厚的先决条件。因此，教师在语文学科教学中应凭借学科特点，挖掘教材内容，既注重情感的熏陶，又进行法制方面的引领。

通过多种途径进行法制教育和德育渗透，让学生从小就有法制观念，知道用法律保护自己，养成懂法守法的习惯。在语文学科教学中渗透法制教育时，必须将语文教学内容与法律知识有机结合，既不能把语文课上成法制课，也不能漠视语文教材中蕴含的法制教育因素。

三年级下册课文《李广射虎》讲述了飞将军李广在一个月色朦胧的夜晚拈弓搭箭，把一支白羽箭深深地射入老虎（石头）中的故事。我在带领学生体会李广将军的力大无穷与神勇无比的同时，将问题深入一步，问学生："老虎是国家珍贵的保护动物，我们是不能伤害它的。现在有些人铤而走险，捕杀老虎、藏羚羊等国家保护动物来牟取暴利。你们怎样看待这件事情呢？"学生经过讨论、交流，明白了保护动物的重要性，懂得了捕杀野生动物触犯了《中华人民共和国野生动物保护法》，是犯罪行为，从而使学生的法制意识得到增强。

在综合实践中模拟，形成法制道德

利用语文综合性学习，开展丰富多彩的语文活动，是语文教学的重要特色。《语文新课程标准》指出："语文综合性学习可以加强语文课程与其他课程以及与生活的联系，促进学生语文素养的整体推进和协调发展。"因此，开展综合性学习自然也是为学生创设法制氛围的绝佳途径。

教学中，我积极缩小教学与生活的距离，将学生的感性认识和理性认识统一起来，主动拓展教学空间，开展丰富多彩的课外活动，引导学生在社会实践过程中得到情感的体验，从而巧妙地渗透品德教育、法制教育。

在习作活动中关注，规范法制行为

习作是学习语文的最高层次。它既是个体对生活现象的深切感受，也是个体对生活实践的独特体验。在习作教学中引入法制事件，诱发学生思考、分析、反思、讨论。如中央电视台的《今日说法》《道德观察》《法治在线》《大家看法》等栏目深受观众的喜爱，原因不仅是由于它们在选题上贴近百姓生活，普及法律常识，而且还得益于每一期都有一个好标题。利用这些媒体资源可以向学生传授相关知识，提高习作水平，更重要的是能够以这些特殊的案例，引发学生的思考，表达自己的看法，规范自己的行为。

在小语习作中，有很多内容要求学生关注生活，从现实生活中取材，这就要求教师在指导学生习作时引导学生进行综合实践调查，搜集相关资料，善于用法律标准来明辨是非。在习作中，我还利用写日记这一渗透法制教育的重要渠道。

学生在写日记时说的是真话和心里话，这便起到了使人求真的作用。同时，写日记能规劝自己上进、自省，劝别人改过。让学生联系生活中不文明、不规范行为，乃至违法犯罪现象，通过日记这个载体进行内心的真实表露，接受深刻的教育。同时教师通过批阅，对学生进行面对面的心理健康指导，针对性地进行日常行为规范教育和法制教育。

在口语交际中讨论，确定法制认知

口语交际是语文教学重要的组成部分。利用口语交际活动，不仅可以锻炼学生的口头表达能力，还可以激发他们的思考，从事物的表象认识到事物的内层，会在自己的心理形成一种强烈的认知。我经常引用生活中的、报刊上的、电视上的那些违法犯罪的事件，组织学生进行口语交际，发表他们自己的观点，因为这些最能激发他们表达的欲望和交流的热情。

在学生激烈的表达自己的看法和感受的同时，教师只需要再往深处引导一下，思考产生犯罪的原因，寻求解决问题的办法。自然而然地就把学生的思维转向了对规则的认知上来，使他们学会遵守法律、法规，一切行为以法律法规为准绳，从而深化他们遵纪守法的意识，强化对法律法规的认知。

加强小学生法制教育，我们小学语文教师责无旁贷！选择教学中渗透点的方法还有很多，但有一条原则是共同的，即寻找和探求课文中思想火花的迸发点。只要我们从这个基本点出发，结合学生思想进行教育，这样就能不断提高学生的法律意识。

让我们一起努力，在小学语文教学中渗透法制教育，培养学生良好的学习、生活习惯，提高学生法制观念和明辨是非能力，使他们成为学法、知法、守法、用法的合格公民，成为社会主义事业的接班人。

22. 小学语文民主和谐的乐学教学法

语文是最重要的交际工具，是人类文化的重要组成部分。小学语文是促进学生发展，为他们终身学习、生活和工作奠定基础的一门重要学科。

作为一名小学语文教师，我既倍感荣幸，又深知责任重大。当前倡导的素质教育，其核心就是培养学生的创新意识、创新精神、创新能力和创新人格。如何在小学语文教学中开发并培养学生的创新能力，最大限度开发学生的创造潜能，把学生培养成敢于创新，勇于挑战的高素质人才呢？我在教语文课时，一开始，我就以崭新的教学法，即民主和谐的乐学教学法上课，半年来，收到了较好的效果。

放下架子，营造和谐的教学氛围

哈佛大学校长普西认为，创造力是一流人才与二流人才的分水岭。课堂教学是师生情感交流的场所，应以学生为主体，教师为主导，给学生营造平等和谐的教学氛围，培养学生的创造力。

我上这个班的第一课时，我乐呵呵地走进教室，一阵"起立——敬礼"后，同学们坐得是端端正正，一个个怯生生的。为了打破僵局，我便开始了自我介绍："同学们，认识我吗？不认识！是吗？我姓杜，名聪，乃杜聪是也！"（板书：杜聪）这时几位胆大的开始悄悄地笑了。

我又继续介绍："我头发虽白了，可才四十多岁；文化水平仅大专毕业。从今天开始，我就教你们的语文课，不知大家喜不喜欢我？"大家都异口同声地说："喜欢！"我笑了，同学们也笑了。僵局就这样打破了。

紧接着，我挑战性地问了一句："哪个能向杜老师一样也介绍介绍自己？"这时一个女同学举起了手，我向她示意后，她站起来说："我姓刘，名姗杉，乃刘姗杉是也！我的特长是唱歌，在班上担任文娱委员。"我问："同学们，她说得好不好？"大家说："好！"响起了一阵热烈的掌声。

随后又有几位同学起来向我作了介绍。我一一表扬了他们。这时好多人举起了手，我说："由于时间关系，我们以后慢慢认识吧！下面我开始教大家怎样读书好吗？"大家都说："好！"

于是我首先就教大家怎样总览语文课本，看全书有多少个单元，要新学哪些知识。大多数学生都不知道从哪儿下手，我便教他们看目录。大家一上子来了劲，教室里响起了"哗哗"的翻书声。

不一会儿，好几个同学举起了小手。我一一抽他们起来说，无论他们说得对否，我都用赞许的目光向他们示意，让他们有成功的体验。在同学们一阵激烈发言后，我做了总结，充分肯定大家说得对的地方，指出了没说到的。这样，全班都不紧张了。

接着，我又教大家怎样了解一个单元的学习重点、怎样预习一篇课文。就这样，一节课就这样轻轻松松地上完了，临下课时，我只布置了一个作业，那就是预习第一课。有的同学问："老师，写不写生字？"我说："你看着办吧！"。一下课，同学们就围了上来，亲热地问这问那。我好高兴，因为他们已接纳我了，喜欢上我了。

质疑解难，让其自主求索

古希腊普鲁塔克说得好："头脑不是一个要被填满的容器，而是一把需要被点燃的火把。"教学的艺术不在于传授，而在于激励、启发、引导，教师职责不在于"教"而在于指导学生"学"，教师的角度定位不应是一个好"演员"，而应是一个好"导演"。

那么，如何引导学生参与课堂教学呢？我在教学设计上打破老师早就设计好固定的教学模式圈让学生钻的传统教学方法，充分尊重学生，根据他们在本课中想知道什么，想学些什么，让学生提出问题，在课堂上灵活地按照学生的问题来组织教学，适时解决重、难点，让同学们在轻松愉快的讨论中满足欲望，学到知识，提高能力。

如在教第一课《小站》时，我首先问："同学们，你们在预习时遇到了什么问题？"同学们举手了，有的说："'栅栏'是什么？"

有的问："第一自然段明明写小站上的三五个人影眨眼就消失了，为什么第二自然段又说小屋左边的那张红榜上的 *241* 天安全无事故的记录都看清了？"

有的问："火车开得那么快，为什么蜜蜂'嗡嗡嗡'的声音都听得见？"

有的问："为什么一股活泼的喷泉，几树灿烂的杏花就给旅客带来了温暖的春意？"……

　　我在同学们的提问中选了两个问题让同学们讨论，一是"第一自然段明明写小站上的三五个人影眨眼就消失了，为什么第二自然段又说小屋左边的那张红榜上的 241 天安全无事故的记录都看清了?"让同学们知道观察事物，由于观察点不同，看到的事物也就不同。

　　二是"为什么一股活泼的喷泉，几树灿烂的杏花就给旅客带来了温暖的春意?"我在同学们讨论的基础上点拨道："这喷泉是小站工作人员精心设计的，杏树是小站工作人员亲手栽的。在这四周是光秃秃的石头山，没有什么秀丽景色的小站上，人们能看到这活泼的喷泉和灿烂的杏花，心情必然为之一振，感受到温暖的春意，同时也感受到了小站工作人员全心全意为旅客服务的一片深情。"

　　通过这样的自读、自悟、讨论、交流，我只在学生思路阻滞时给予疏通；认识模糊时加以点拨；方法欠妥时给予指导；表达不畅时给予帮助；学有成效时给予鼓励，让学生自主求索，真正成为课堂的主人。既突出了重点，又突破了难点，使整个课堂其乐融融，民主和谐。教学效果也就不言而喻了。

培养兴趣，开发学生的创造思维

　　布鲁纳认为："学习的最好刺激，乃是对所学材料的兴趣。"诺贝尔奖获得者丁肇中教授因为对物理科学的浓厚兴趣，可以几天几夜呆在实验室里，守在仪器旁，急切地希望发现所要探索的东西，因此，兴趣是创造力的源泉。

　　我在教学中常常用一些课时让同学们自己组织开展一些有趣的活动，用以激发培养同学们学习语文的兴趣。在学习《卢沟桥的狮子》一课后，我让同学们收集歇后语，开展了"歇后语大赛"活动。活动中，好几个同学一口气背了几十条歇后语。问他们为什么能背这么多，原来大部分同学都收集了几十条歇后语，有的还找来了厚厚的《歇后语大全》在读背。

这以后，我们班先后开展了"成语大赛"、"个人技能竞赛"、"小制作比赛"、"课文剧比赛"、"口头作文竞赛"、"小实验活动"等。这些丰富多彩的活动既激发培养了同学们学习语文的兴趣，又提高了同学们听、说、读、写能力，开发了学生的创造思维。因此，我班的同学学习语文的兴趣很浓。

以上实践，仅是我民主和谐的乐学教学法的实践探索，虽谈不上什么成功的经验，但同学们在《我敬佩的一个人》中是这样肯定的："我敬佩杜老师那种教书的方法，让我们在快乐中学到了知识。我想长大后也做一名像杜老师这样的老师。"

23．中学语文课堂教学的民主与科学

语文教学的民主化论述

《中学语文新课程标准》明确指出了课堂教学是师生共同建构的过程，强调要在互助合作中学习，特别关注学生的主体性要求，尊重学生的原有知识和经验，顺应学生的自我发展，鼓励学生的个性，培养他们的创新意识和自我探究的学习能力。

传统的中学语文教学，采用"阅读——串讲——背诵"的教学模式，显然违背了新课程的教育理念。带有极大的封闭性，而无视学生的主体性要求。以单一的"灌输——接受"方式，凸显教师对课堂教学的主宰性，极端的抹杀学生的主观能动性，束缚学生个性的自由发展。

苏联教育家凯洛夫以谈话法为特征的语文教学模式对我国影响很大，乃至今天仍可以看到许多语文课堂教师的"满堂问"，学生的思维被硬牵到各种问题的思索中，弄得疲惫不堪，兴趣全无。呈现今日语文教学的"少、慢、差、费"的状况。

这也引起了全体语文教学工作者对传统语文教学的深刻反思和批判，对实施素质教育进行了不懈的探索，期间涌现了一大批先进优秀的语文教学工作者，如叶圣陶、余漪、钱梦龙、宁鸿彬、魏书生、李政西等等，他们对语文教学的卓越贡献和不朽的业绩犹如一盏盏明灯指引着后学者的方向，他们广博的学识、深邃的思想、独特的魅力吸引着无数的后学老师。

笔者有幸阅读到他们的教学论著，深受感染，掩卷沉思，却发觉他们那炫目的成功光环下有着一个共同的东西：语文教学的民主与科学。

作为一个语文教学的探索者和爱好者，我乐于与大家共同探讨中学语文教学，并以此抛砖引玉。

语文教学的民主性

魏书生曾经说过"民主就像是搭在师生心灵的桥，民主程度越高，连接心灵的这座桥梁就越坚固"。教学活动是一个双边互动的活动过程，在此活动中，教师和学生作为两个有着各自独立性的活动主体，他们之间的交流必须建立在彼此互相信赖、互相尊重的基础之上，而不能是一方凌驾于另一方之上的。

尤其是中学语文教学，作为主体的学生更具有独立的思想，相对稳定的心理素质，渴望实现自我的人生价值，因而，中学语文教学必须更充分发扬民主。我认为语文课堂教学的民主包含以下几个方面。

（1）尊重学生的个性　我们要谈尊重学生的个性，首先要弄明白"个性"的概念。学生的个性既有一般年龄特征的共性，又有个别的差异性。它包括个性倾向性和个性心理特征两个方面，个性倾向性包括人的需要、动机、兴趣、志向、信念和世界观等，它制约着人所有的心理活动，是产生积极性的心理动力。

个性心理特征指每个人在气质、性格、能力等方面所表现的特点，它在个性中是比较稳定的成分，在心理过程中形成，又反过来影响心理过程的进行。子曰："求也退，故进之，由也兼人，故退之"，就是强调我们要尊重学生的个性，并正确的引导。

尊重学生个性就是"让每一个学生抬起头来走路"，就是要尊重学生的人格，把学生视为与自己一起在求知道路上探索前进的朋友和同志。而且学生是一个独立的主体，他有自己的个性、追求。

在教学活动中，要予以真诚的关怀、鼓励，用心灵体贴心灵，用尊严去赢得尊严。彻底抛弃封建传统教学中唯教师是从的专制色彩。宁鸿彬老师的"三个允许"、"三个欢迎"也正是尊重学生的典型体现。李兆德在评价魏书生教学民主曾谈到"其身不凌驾学生之上而融于学生之中，其心不孤高自傲而走进学生心灵之中，与学生心心相通。所施不欲教师独霸课堂，而把学生推在主人的地位，这便是教学民主的地位"。

（2）尊重学生的知识和经验　作为独立个体的学生，有着强烈的实现自我价值的欲望，他们通过自己的实践，掌握了不少知识和技能，并具备一定的主观创造力。

在每一次教学活动中，学生都会运用原有的知识和经验来解决所面临的各种新问题，对原有的知识和经验进行巩固、完善、创新，并渴望得到教师的认可，以实现自我的人生价值。教师应当尊重他们每一次课堂思想的交流，并且通过各种激励机制来鼓励和表彰。

（3）尊重学生的主体性　尊重学生的主体性是指语文教学活动必须以学生为主体，不是被动的接受的主体，而是能动的学习的主体。

传统的"填鸭式"和"牵牛式"等越俎代庖的教学模式都是对学生主体性的抹杀和漠视。在谈到语文教学中学生的主体性时强调学生要参与教学决策、教学管理和教学评价，与学生共同探讨制定教学设计方案，训练学生语文学习的自我管理能力，师生共同遵守有关教学要求，让学生对语文教学有建议、监督和评价的权利。魏书生的教学艺术更是凸显了学生的主体性，在教学中一切都和学生展开"商量"是魏老师制胜的法宝。

教学内容、教学方法、教学时间都和学生商量，取决于学生。有一次，魏老师从外讲学归来，按计划应当上《陋室铭》一课，但学生都说这一课早就自学透了，翻译背诵都完成，再上也只是毫无意义的重复，于是魏老师便放弃教学这一课。宁鸿彬老师的"不迷信古人，不迷信名人，不迷信老师"，也都是对学生主体性的尊重。确保语文课堂教学学生的主体性，就是充分发扬民主。

（4）发扬民主必须面向全体学生　素质教育的要义第一是面向全体学生。这也是教育民主的真正体现。我们所教的学生中，不管有多少在这样或那样的语文大赛中获得金牌银牌，但是如果多数学生连一封信都写不好，那么这样的语文教学就没有半点民主气息，也绝不是真正的素质教育。

如果我们的语文教学活动无视学生的基础差异而搞"一刀切"，或置多数学生错字连篇、词不达意而不顾，却要"精心"培养几个"尖子生"、"上线生"，走着八十年代"精英教育"的老路，这显然不符合时代的要求。发扬语文教学的民主就必须面向全体学生。

语文教学的科学

多少年来，我们的语文教学在科学的旗帜下做了不少违背语文教学科学的事：追求语文知识体系如数理化一般的逻辑框架，无视语文教材的人文性而力图进行客观的理性分析，"标准化考试"使教师及学生投入相当多的精力进行猜谜似的"模拟训练"……对语文教育的"科学"，也有这样的"论"，那样的"观"，还有"性"、"法"、"式"等等说法。

其实，"真理总是朴素的"，叶圣陶的一句教都是为了达到用不着教。叶老简洁的一句是高屋建瓴似的真理总结，笔者结合多年的教学经验，认为要符合语文教学的科学性就是要解决学生的两个问题。

（1）要解决学生要学什么的问题　联合国教科文组织在《学会生存》中说"人的生存是一个永无止境的完善过程和学习过程"。查尔斯·赫梅尔也曾说道"从学校获得的大量的知识不再经得起时间的检验了，因而这些知识已不足以终生受用"。

现代社会已处于信息时代，信息的更新速度日益增快，旧有的知识以远远不适应现实社会的要求而不得不继续学习，然而学生往往对庞杂的信息却不知道如何选择。

比如学生学一篇课文时，面对课文所包含的众多的知识点，学生常常显得盲目而不知道要做什么，学习目的是什么，或仅做走马观花似的浏览，或看电视似的直解画面而不做思考，这都是现代学生的通病，我认为钱梦龙老师在探索这方面已走出坚实的一步。钱老师的课堂常常是学生自己便能提出问题，再分析解决问题而化为自己所有的能力。他对一篇课文设计为三个问题，一是写了什么，二是怎样写的，三是为什么要这样写。这也就是使学生自己解决知道要学什么的问题。

（2）要解决学生自己知道怎么学的问题　联合国教科文组织在《学会生存》中指出"未来的文盲，不再是不识字的人，而是没有学会怎样学习的人"。可见，学生学法的指导已是刻不容缓，它是语文教学科学性的集中体现。教师对学法指导的方式是具体多样的，并不拘泥于某种具体的模式，但必须遵循一定的原则。

①必须符合语文自身的学科规律　语文学科是工具性和人文性相统一的学科，而我们在教学时往往各执一端，只注重语文学科的"工具性"而忽略"人文性"，只知教书，不知育人。在这一点上反不及传统教育的"文道合一"。魏书生曾谈到"我们应当教育这些

普通孩子一点做人之道，以使他们将来能在困难的环境中使自己能够灵活自处，教给他们一点抵御腐朽观念的能力，教给他们回击白眼、讥讽的能力"。在教学中，必须注重语文学科工具性和人文性的统一。

②必须符合学生学习语文的认知规律　在语文教学中，必须以学生的年龄特征、心理认知规律为条件，不可做任何"拔苗助长"式的引导，或无关痛痒的"隔靴搔痒"，那都只会挫伤学生学习的积极性、主动性、创造性。同时，学法的指导还要与"学习类型"相适应。

中学语文课堂教学是师生互动的一个双边活动过程，要在互助合作中积累、巩固、探索、创新，要凸显学生的主体性，促进学生个性的自由发展，实施素质教育，就必须走进学生的心灵，充分尊重学生，发扬民主，科学的从事中学语文教学。

第二章

学生民主法制素质教育的故事推荐

1. 孔融争死留美名

东汉桓帝延熹年间，张俭被太守翟超聘为东部督邮。督邮是郡守的辅佐之官，掌管督察纠举所属县的违法之事。张俭为人正派，刚直不阿，是敢于处置不法的官员。

汉灵帝即位后，张俭就上书参奏宦官头子中常侍侯览种种不法之事，揭发他包庇罪犯，贪赃枉法。

张俭的奏章落到了侯览手中，侯览暗中把它扣押下来，又指使手下的爪牙朱并，让他上书诬告张俭，说他和同郡的二十四个人结党谋反。汉灵帝就下令逮捕张俭治罪。

张俭得到消息，就逃出京城，望门投止。也就是见有人家就去投宿，求得暂时的存身之处。

这一天，在差役严密追捕之下，情况十分急迫，张俭就逃到了孔褒家。孔褒是孔子的后代，从小就受到儒家思想的教育，张俭和他认识，认为这里更可靠，就想先到那里暂避一时。

张俭来到孔家门前，手打门环。听到叩门声，从里面走出一个十五六岁的少年来，他就是孔褒的弟弟孔融。

孔融也像哥哥孔褒一样，从小有良好的家庭教育，受过家传的儒家思想的熏陶，懂得虚己待人。他四岁的时候，跟兄弟们一起吃梨，他就专挑小的，把大的让给别人，这就是流传至今的"孔融让梨"的故事。十岁时就已经又聪明又有才学了，能当面驳倒太中大夫。

这回出门一看，见是一个陌生人，就有礼貌地问道：

"先生找谁？"

张俭回答说："这是孔褒的府上吗？我和孔褒是朋友，今天前来拜访他。"

孔融一听是哥哥的友人，就连忙把他让进屋中，对他说：

"家兄今日不在家，出门访友去了。"

张俭一听，立刻显得有些紧张，他看孔融还是个少年，怕他担不起事，就没把自己被追捕的事告诉他。但张俭坐立不安、心神不宁的样子，孔融早就看在眼里，就直截了当地说：

"张先生的事，在下已有耳闻。张先生凛然大义，弹劾侯览。今遭诬陷，逃难在外。家兄不在家，我可以做主收留你，就请张先生屈居寒舍。"

孔融就留张俭住了下来，这个消息不知怎么传了出去，有个势利小人就偷偷地向官府告了密，说是孔家收留了张俭。

官府中有的差人平时就仰慕张俭公正无私，痛恨侯览为所欲为，就把官府要来捉拿张俭的消息，通报给了孔家。

孔氏兄弟得到消息后，就与张俭商量对策，决定连夜逃走。官府没有抓到张俭，就逮捕了孔褒、孔融兄弟二人。

在大堂上，大理寺的廷尉审问道：

"张俭是朝廷缉拿的罪犯，你们竟敢窝藏，现在逃到了哪里，从实招来。"

孔融连忙说道："张俭是我收留的，与我哥哥无关。张俭到我家那天，哥哥出外访友，并不在家，请大人明察。我甘愿承担全部罪责，一人做事一人担，我死而无怨。请放回我的哥哥。"

孔褒没等弟弟把话说完，就打断他的话说：

"张俭是投奔我而来，放走他的也是我。孔融尚在年幼，况且他只在家中读书，并不知道张俭之事。承担罪责的完全应该是我，与弟弟毫无关系。"

兄弟二人在公堂上互不相让，都坚持承担罪责，经过几次审问，口供始终如一，弄得廷尉一时也难于定案，只好申明朝廷。皇帝认为孔褒年长，又与张俭相识，就下令斩孔褒以定罪。

生，是人共有的欲望，为了能让别人活下去，自己宁肯去死。这种精神正是儒家所一贯倡导的，孔氏兄弟争死的壮举，正是这种精神的具体体现。

2．陶谦让城不传子

东汉末年，军阀纷争，战乱不已。当时的徐州刺史陶谦宽厚容让，廉洁贤明，深得官民的拥戴。陶谦感到自己年事已高，应当选一个有才能的人，早日接替自己，为徐州百姓造福。他有两个儿子，但都不成器，没有能力，又不宽容。他认为让他们接任，会给徐州百姓带来灾难。

有一年，陶谦的部将张闿杀了曹操的父亲曹嵩，曹操就亲率大军攻打陶谦，扬言血洗徐州。刘备和孔融应陶谦的请求，带兵前去救援。刘备英勇善战，舍死忘生，打退曹军，首先进入了徐州城。

陶谦早就听说过刘备礼贤下士，宽宏大度，今日一见，更觉得他胸怀大志，出语不凡，决定把徐州让给他管辖。就命人把徐州刺史的官印取来，双手递给刘备。

刘备愕然，慌忙起身离座，连连摇手，说：

"您这是什么意思？"

陶谦诚挚地说："现在天下大乱，生灵涂炭。你才能卓越，又年富力强，正是为国为民尽忠出力的时候。我已年迈，又缺少能力，情愿将徐州相让。请你接受我的委托，收下印信。我马上写表，申奏朝廷，望你不要推辞。"

刘备听后，坚决地说："我功微德薄，现在担任平原相还担心不称职，怎么敢接受徐州之任。我本为解救徐州而来，现在让我得到徐州，是陷我于不仁不义之地。您莫非怀疑我有吞并徐州之心吗？万万不能从命。"

陶谦再三相让，刘备坚辞不受。谋士们说："现在兵临城下，还是商议退敌之策要紧，等形势稳定下来，再相让不迟。"陶谦只好暂时放下此事。

刘备写信给曹操，劝他讲和。曹操正好接到报告，说是吕布已经袭取了兖州，占领了濮阳，正向自己的大本营进军，就趁势给刘备个人情，撤军而回。

在庆功宴结束以后，陶谦又请刘备坐于上首，当着众人的面，第二次提出让贤，他说："我已风烛残年，两个儿子缺少才能，担任不了国家重任。刘公德高才广，又是汉朝王室的后代，我认为由他担任徐州刺史，最合适不过了。我情愿拱手相让，闲居养病。"

刘备接连摇头，说："我来救徐州，为的是急人之难，现在无缘无故地据而有之，普天下的人就会认为我是乘人之危，说我是无仁无义之人。那我只好告辞了。"

陶谦流着泪说："你若不答应，离我而去，我是死不瞑目啊。"

孔融、刘备的部下、陶谦的部下，都劝刘备接任。张飞快言快语地说："你又不是强要他的州郡，是陶刺史好心相让，何必苦苦推辞。"但刘备执意不受。最后，陶谦只好说：

"刘公一定不肯答应，那就暂时放下这件事。不过，在这附近有座小城叫小沛，请你暂在那里驻军，帮我保卫徐州，不要再回平原了。"刘备勉强答应了这个请求。

不久，陶谦忽然患了病，而且一天比一天沉重。他知道将不久于人世，决定第三次向刘备提出让徐州，就以商议军务的名义，派人从小沛把刘备请进府中。

刘备赶到时，陶谦已经奄奄一息，他紧紧握住刘备的手，说："请刘公来，就是让你接受徐州印信，你还要以国家为重。由你来治理徐州，我死也瞑目了。"

刘备说："您有两个儿子，为什么不传给他们？"

陶谦说："他们缺乏治理政事的才能。我死后还希望你好好教导他们，但万不可传位于他们。"刘备还要推托，但见陶谦手指胸口，慢慢地咽了气。

徐州官民遵照陶谦的遗言，一致拜请刘备接受官印，刘备推辞不了，只好答应暂时管理徐州。

刘备决心匡扶汉室，但不掠人之美；陶谦为了徐州百姓，真心让城，不传给儿子。他们两人可算是遵行谦恭礼让的两面镜子。

3．范式守信不负约

东汉永平年间（公元 58—75），一个明朗的秋日，在汝南郡（郡治在今河南平舆县一带）的一个村子里，青年学者张劭正在自家的庭院中来回踱步，不时侧耳听听院外的动静，好像在等什么人。他嘴里不住地叨念着："巨卿兄怎么还不到呢？"

他说的这个巨卿，就是山阳郡（郡治在今山东金乡县）人范式。范式字巨卿，是张劭在太学里的同学，两人多年寒窗相伴，结下了深厚的友情。两年前，他们同日离开京都洛阳回家，分手的时候，两人依依不舍，洒泪而别。那一天正好是九九重阳节，他们约定两年后的今天，范式来汝南郡探望张劭。

光阴飞逝，两年的时间转眼就过去了。越是临近约定的日期，张劭的心情就越是不能平静。他急切地盼望着与好友重新欢聚，以至于坐卧不宁，寝食不安。

张劭的老母见儿子这样，怕他急坏了身子，就劝他道："儿啊，何必如此心焦，朋友之间，总有机会见面的。再说，山阳郡离咱们这里有上千里的路程，又是两年之前随口说的一句话，到现在人家怕是早都忘记了，你也别太认真了。"

张劭认真地答道："娘，您不了解巨卿，要说巨卿这人，那是当今天下数一数二的诚实君子，他做事情，从来没有违反过大义，他说过的话，从来没有不兑现。讲好要来，他是决不会失约的。"

"你这孩子啊，真是实心眼！好吧，我就给你准备酒宴招待客人吧。唉，我只是怕你急坏了身子啊。"

"不会的，巨卿一到，我还会高兴得年轻几岁呢！您就放心地去准备吧。"

重阳节终于到了，张劭一家人早早起来，把酒杀鸡，忙活了半天，备好了一桌丰盛的酒菜。可是，范式还没出现。张邵简直望眼欲穿了，他整好衣装，急步走到村头，立在大树下等候。

看看到了正午，正是两年前他们分手的时刻。就见一辆马车从远处飞奔而来，车到大树下停住，下来一个书生打扮的中年人，向张邵疾步跑来，张邵定睛一看，来人正是范式！

两人跑到一起，各施大礼，然后紧紧拥抱。张劭说："大哥果然不远千里，赶来赴约。不过，为何不早到几天，让小弟等的好心焦啊！"

"贤弟，只怪我心里着急，又加上饮食不慎，途中病倒在客栈里。要不是店家好心照看，我几乎要丧命了。"

张劭一看，范式果然是一副病容，身子轻飘飘的，好像还站不稳似的。张劭很有点不过意，说："大哥为了看我，病成这样，小弟真是有罪了。"

范式笑了起来，说道："你我二人还要说这些客套话吗？我要是今番见不到贤弟，那才是会急死呢。快领我去拜见伯母吧。我还带了些薄礼来孝敬她老人家呢。"

范张二人久别重逢，更觉得难分难舍，他们白天一起谈论学问，夜晚在一张床上安眠。一天，范式感慨地说："我们两人就像古时候的俞伯牙和钟子期一样啊，真是生死之交。"

张劭说："我们虽不是同年同月同日生，但是将来谁要是先走一步，另一个一定要在他身边为他送葬。"

"那当然是我这做兄长的先死，你可要为我送葬呀。"范式说。

"要是我先走一步了呢？"张劭开玩笑说。

"那不管我在何处，一定会驾着白马素车，身披白练，赶来为你送葬的，你可要等我呀。"

说完，两人都大笑起来。

几天之后，范式辞别张劭一家，回山阳郡去了。这边张劭继续读书种地，奉养老母。不料，没过一年，张劭忽然得了个暴病，不到几天，张劭就已经奄奄一息了。

临终之际，张劭的同乡老友郅君章、殷子征来看望他。他们拉着张劭的手，流泪说道："元伯（张劭字元伯），你放心去吧，还有什么心事就请对我们讲吧。"

张劭叹了口气说："我死而无怨，只是等不及我那生死之交的好友来给我送葬了。"

郅、殷二人奇怪地问："难道我们还不能算是你的生死之交吗？"

"你们对我友情深重，但你们只是我活着时的朋友，而山阳范巨卿却无论我是死是活，都是我的好友！"顿了一下，张劭又说："有件事情，想托你们办一下。请你们务必派人去山阳郡通知范巨卿，请他尽快赶来，不然，我就等不及了。"

郅、殷二人答应了他的请求，派人骑快马到山阳郡报信去了。

再说范式回到山阳郡后，当地的郡守听说了他的名声，就请他做了郡府的功曹（官名），掌管全郡的礼仪，文教事情。官虽不大，公务却很繁杂。范式尽心职守，把事情办得井井有条，郡守对他十分赏识，有心要再提拔他。

这一天，范式在梦中忽然见到了张劭，只见张劭头戴黑色王冠，长长的帽带一直垂到脚下，脚上穿的是一双木鞋，好像一位古代的君王。再看张劭脸上一副焦急的样子，好像在呼喊自己，可就是喊不出声音。范式从梦中惊醒，浑身冷汗。他想，难道贤弟已经作古了吗？这个梦实在不吉利。不行，我要去汝南看看贤弟。

第二天，范式辞别了郡守，郡守再三挽留不住，心中十分惋惜。因为，范式这一走，不但提升职务的事吹了，而且连功曹的官职也要丢掉。范式哪里顾得了这许多，他借了匹快马，日夜兼程地向汝南郡赶去。途中正遇上张劭派来向他报信的人。他一听这消息，当时就口吐鲜血晕了过去。醒来之后，范式买了白马素车和奔丧用的物品，亲自驾车飞奔而来。

一路上，人们都看见这辆飞奔的丧车。白色的马，白色的车，车上的人穿着麻衣，身披白练，不断抽打着马儿飞跑。

可是，就在范式赶到的头几天，张劭已经去世了。老母亲记着儿子的嘱咐，一连等了范式三天，后来实在不能再等，只好把丧事办了。到出殡的这天，当地仰慕张劭名声的人都赶来了，送殡的队伍少说也有上千人。说来也怪，那辆载着张劭灵柩的马车走到村口大树下时，车轮突然陷进一个土坑，任凭众人死命往外拉，车也是纹丝不动。张劭的母亲哭倒在灵车上说："儿啊，娘知道你的心愿，可是，山阳郡离这里千里之遥，巨卿实在是赶不到啊！"

正在这里，远处一辆白色马车飞奔而来，张母回首一望，说道："这一定是山阳郡范巨卿来了。"

果然，这正是范式的白马素车。车到近前，范式跳下车来，扑到张劭的灵柩上痛哭起来，边哭边说道："贤弟，哥哥来迟一步，让你等急了啊！"

过了一会，范式止住哭声，说道："贤弟，你该去安息了。哥哥送你下葬。"

说着他招呼众人扶住车辕，大家使劲一推。真是怪了，这回灵车一下子就出了土坑，又向墓地移动了。

众人见此场面，又感动又吃惊，都赞叹范张二人真是生死之交，诚信君子，说是由于他们二人的信义感动了上天，才出现了这样的怪事。

后来，范式安葬了张劭，为他守墓三年，才独自离去。

4. 礼震才请求替师受刑

欧阳歙是西汉初年著名的学者。其先祖为欧阳生。

秦王嬴政统一六国后，建立起专制主义的中央集权政治制度。为了钳制人们的思想，曾焚书坑儒。博士伏生冒杀头之祸，把《尚书》保存下来，并把《尚书》又传给了欧阳生。

欧阳生把《尚书》传给他的子孙。传到第 8 代是欧阳歙，并形成了欧阳"尚书派"。由于这一派是得到伏生的真传，在社会上很有地位，拜欧阳歙为师的有千人之多。

欧阳歙学识渊博，为人忠诚老实。对学生呕心沥血，循循善诱，非常受学生的爱戴。但发生了一件不幸的事儿，欧阳歙获罪下了监狱。他的学生听说了，纷纷到洛阳皇宫门前请愿。有时多到千人。可是朝廷却不闻、不问、不放。

平原郡有个青年叫礼震才，听说老师被判处了死刑，非常难过。连夜赴京师。走到半途，他让人用绳子把自己捆起来，托人把他送到洛阳监狱，坚决要求自己替老师受刑。监狱看守说："古今中外还没见过这种事，我们不敢做主。"这样他就给皇帝上书，要求替师受刑。他的奏稿这样写道："我的老师欧阳歙是学界宗师，世传八代博士。他的儿子年纪尚小，尚不能继承欧阳博士的学业。博士死后，

《欧阳尚书》将失传。如果这样，陛下岂不是背上了杀戮贤臣的罪名，而学界从此也将失去最好的导师。这将是学臣无法弥补的损失。我恳请陛下能允许我顶替欧阳老师的死罪……"

可惜表章呈上后，待批期间，欧阳歙就病死在狱中了。礼震才坚决要求替师受刑，却传为千古佳话。

5. 柳宗元体恤民生

柳宗元是中国历史上很有才华的政治改革家，著名文学家。他体恤民生疾苦，一生勤劳节俭，特别是开发岭南、造福岭南人民的美德千古流芳。

唐宪宗时期，已经43岁的柳宗元再度遭受打击，被贬到荒凉辽远的广西柳州做刺史。当时的柳州，古树参天，杂草丛生，毒蛇猛兽，比比皆是。生活在这里的壮族百姓，生产力低下，文化落后，迷信活动盛行，生活极端贫困。柳宗元上任后，一面改革落后习俗，一面带领百姓，勤耕垄亩，发展生产。

当时的柳州，荒地很多。柳宗元就组织闲散劳力去开垦。他教人们在被开垦的土地上种菜，种稻，种竹，种树。仅大云寺一处就种竹三万竿，开垦菜地百畦。他很重视植树造林，自己还亲自在柳江边上栽柳树，到柳州城西北种甘树。

柳宗元除亲自动手种植中草药，还亲自采药、晒药、制药、研究药的功效，常常用自己做试验，认识药性和药效，向人们宣传防病治病的知识。

当时，柳州民间流传着"三川九漏"的说法，柳州人不敢破土打井，因此，人们不得不用各种器皿去背江水饮用，路途遥远，十分艰难。柳宗元动员百姓破除迷信，并亲自动手带领大家破土打井，从那以后，柳州人才吃上自己打的井水。在柳宗元的教化下，柳州人还学会了养鸡养鱼修造船只等本领。改变落后面貌，出现了人人劳作，勤耕垄亩，宅有新屋，步有新船的新景象。

柳宗元做柳州刺史四年，一心恤民奉公，自己生活却很凄苦。虽为一州之长，但死后却无钱料理丧事，还是朋友相助，才得以归葬先人之墓。

为了怀念这位刺史，柳州人民为他在罗池立庙，奉他为"罗池之神"。这庙至今还矗立在柳州市的柳侯公园里。

6. 李沆不奏密报

在封建时代，皇帝周围的大臣在奏报公事之外，往往还要私下里向皇帝秘密报告一些事情。

从皇帝方面来说，是想通过这些秘密报告掌握宫内外的一切动态，监视大臣们平时的言行和人品。从大臣们的方面来说，这样做除了可以打击自己的政敌，达到自己的政治目的以外，还能够以此来赢得皇帝的信任和宠幸。

这些秘密报告的内容，一般都是别人私下里的言谈举动。它们有时能够起到揭露阴谋，打击权贵的正面作用，但在更多的情况下，它们却成了陷害他人，抬高自己的一种手段。在封建时代，由于皇帝的提倡和赏识，大臣们几乎没有不打秘密报告的，他们把这当作一种荣耀，因为这就说明自己是皇帝的心腹大臣。相反，秉公处世、不私下打报告的人倒是极少数了。

宋真宗时的宰相李沆（hàng）就是这少数人中的一个。

李沆在当时是很受宋真宗信任的一位大臣，常常有机会单独和皇帝讨论国家大事，但是他从来没有向皇帝秘密奏报过其他人的隐私。他在皇帝面前怎么说，在朝廷上照样也怎么说，从没做过当面一套，背后一套的事情。

有一回，李沆和另一位大臣发生了意见分歧，起因是对一位官员的处罚问题。这个官员在宋朝与西夏国的战争中，未能将粮草及时运到军中，按军令该斩。李沆听说后，对事情做了一番调查，认为应该免这人的死罪。他在朝廷上据理力争，指出此人失职的真正原因是有人故意延误发粮时间，嫁祸于他。就算他有一定的责任，也不该判死罪，何况此人很有才干，而且一向勤勉谨慎，功大于过，杀了他，是国家的一大损失。

另一位大臣却认为：无论责任大小，都应该斩首，这样才能严明法纪，警戒他人。李沆和这位大臣各抒己见，争得面红耳赤，谁也没能说服谁，只好把此事送交刑部再去研究。

同李沆争论的这位大臣平时就对李沆不满。经过这次争论之后，他更是怀恨在心，认为李沆是故意和自己过不去。为了报复，他派人四处散布说：李沆和犯罪的官员有私人交情，所以徇私枉法，包庇坏人。他还暗地里向宋真宗告了一状，说李沆不仅目无朝廷法纪，而且一向独断专行，连皇上的话也不怎么听。

与此同时，李沆却正忙于其他公务，早把争论的不愉快忘记了。所以，尽管朝中议论纷纷，他却根本不知道。后来，有人提醒他防备暗算。他听后笑了笑说："我诚实办事，诚实对人。既然问心无愧，怕什么暗算！"

再说宋真宗，他对李沆的人品还是比较了解和信任的。听了那位大臣的密报之后，他半信半疑，很想听听李沆这一方面的意见。这天下朝之后，他吩咐太监把李沆叫到偏殿。

等李沆来到以后，宋真宗身着便装，神态安闲地叫李沆坐下，还叫太监上茶。李沆知道皇上又要单独和他谈论政事，心情也轻松下来。果然，宋真宗先同他谈起近来边防上的战事，又说起南方遭水灾等紧要时问题。说着说着，宋真宗话锋一转，突然问起对那个官员的处罚来。李沆没有准备，愣了一下，说道："此事臣已经有详细的奏报送上来。陛下还没有看过吗？"

真宗不动声色地说："朕只是想亲自听听你的陈述。"

李沆就把自己的意见一一讲了一遍，然后又强调了这人的才干，说眼下正是国家用人之际，应该给他一个将功补过的机会。

李沆陈述完，见宋真宗似乎还想听下去，便问道："陛下还有什么想了解的吗？"

这一问倒把宋真宗问得愣了一下，他说："你的意见都讲完了吗？是否还有什么不便说的，尽管说吧。"

李沆答道："臣的想法都说了，此事就请陛下裁断吧。"

宋真宗沉吟了一下，说道："你看某某这人怎么样？"真宗指的就是那个告李沆状的大臣。

李沆认真地答道："此公有宰相之才，唯有一点缺憾，就是气量狭窄。但还算是一位称职的大臣。"

真宗点点头说："好吧，你先回去，那件事待朕再斟酌一下。"

李沆刚起身要走，宋真宗忽然又问了一句："其他大臣都曾向朕密奏过事情，你为何从没有过密奏呢？"

李沆转身跪下答道："臣以为，我辈身为朝廷大臣，所做的都是朝廷上的公事。既然是公事，为何不能公开在朝堂上讲，而要密奏呢？凡是需要密奏的事情，我看除了为国家除掉谋反的奸臣之外，大都有不可告人的动机。臣一向反对这样的行为，怎么敢学着去做呢？"

真宗听后没说什么，挥挥手让李沆退下。

李沆走后，宋真宗站在那里，沉思了一会。他想："像李沆这样一个光明正大、诚实正派的人，是决不会徇私枉法的。看来，我对那些打秘密报告的人倒是要警惕一下呢。"

从此，宋真宗更加信任和依靠李沆了。

7. 宗泽管物价厉杀奸商

宗泽（1059—1128），字汝霖，婺州义乌（今属浙江）人，元祐年进士，北宋名将。

宗泽曾任岳飞为将，屡败金兵。岳飞被害后，他多次上书，力请高宗还都汴京，收复北方失地，遭到投降派的抵制，忧愤成疾，郁郁死去。临死时，还不忘收复北方失地，连声呼喊："过河，过河，过河……"

宗泽不仅在战场上威震四方，在整顿首都市场物价方面也有佳话流传。

"靖康之变"，金灭北宋。宗泽出任东京（今开封）留守。由于战乱，一时物资紧缺，物价飞涨，百姓无法生存。

宗泽多次下令控制物价，毫无效果。物价与百姓生活息息相关，怎能任其自流呢！宗泽想到这儿，决定从与百姓生活关系最大的饮食业入手。他派人调查了作为食品原料的米面价格，知道与从前价格变化不大，又令府中厨师制作与市场重量相同的笼饼。经过反复计算，每个笼饼的工料费仅值6钱，而市场上卖到20钱。为什么笼饼不肯落价呢？他经过察访得知，是豪商在作祟。他们控制着市场，不准小商降价。

宗泽叫来开封最大饼店老板并各业豪商。宗泽问最大饼店老板："从前，每个笼饼售价7钱，今卖20钱，难道是因为面粉的价格成倍上涨吗？"

老板满不在乎地回答："战乱以来，米面价格不定。同行这样卖，我也这样卖。我能违背同行公议，随意降价吗！"宗泽厉声说：

"经过察访，你等欺行霸市，故意抬高物价，并捣毁过降价商贩摊点，殴打贱价买饼顾客！"老板无言以对，战战兢兢。

宗泽拿出府里做的笼饼，说："此饼与你们所卖，重量相同。精细计算，每枚工本费只需6钱；若卖8钱，就已有两钱之利。我今天下令，每枚笼饼只准卖8钱，谁敢超过，立即处斩。今天，先借你的人头用用，来执行降价命令！"于是，令人把这个老板押到大街，砍头示众。并且，重申了降低规定。商人们知道官府所定价格合理，又看到饼店老板的下场，谁还敢违抗呢！令则行，禁则止，是宗泽管物价成功的原因。

8. 善守清廉的元明善

元明善，字复初，元朝大名清河（今河北）人。元朝文学家，著有《清河集》，曾任湖广两省参知政事、翰林直学士、参与修撰《成宗实录》、《仁宗实录》等。

元明善才思敏捷，文辞清新，为人又清正廉洁，元仁宗非常器重他。

一次，元仁宗命一位蒙族大臣为正使，元明善为副使，组成一支有文有武、蒙汉多民族的外交使团，出使交趾国（今印度支那地区）。在交趾国外交公务办完后，交趾国国王派人给元朝使团送来一批金银、珠宝等礼物。看着这些厚礼，使团中的官员多有不同的想法和反应，大家都在看着正副使节的态度。

正使见后，非常高兴，连声说："多谢国王的厚意"，就把给自己的礼品收下了。随从人员见正使答应收下了，便各自纷纷地收起给自己的礼物。只有元明善表现的非常冷淡，心中很不高兴，只是正使已收下了，自己不便多说。

正使看到元明善这个样子，以关心的态度劝说道：

"给你的这份礼品，就让随从给你收起来吧！"

"不，不，大人！"元明善急忙摇头阻止说。

"为什么？阁下莫非嫌这份礼品轻了？"正使不解地问。

"不，不，请大人不要误会。家母在世时，一再教育下官不得收受馈赠，她老人家在弥留之际，还拉着我的手要我点头答应才肯瞑目。"

正使深知汉族人的礼教，又知元明善极重孝道，不便勉强，便冷冷地说了声："阁下不违母教？可敬，可敬！本官不再勉为其难了！"说完，一拱手回房去了。正使走后，元明善立即令其随从将给他的礼品交给馆舍人员，让转呈交趾国王。

交趾国派来送礼的人，把所见情形如实地向国王做了禀报。当谈到正使及随行人员的行为时，在座君臣们不免心中暗笑，认为元朝官员品格不过如此。但当谈到元明善拒收礼品时，大家都非常震惊。国王觉得这是位神奇人物，一定要见识见识。于是亲自到馆舍特意拜访元明善。

国王看到元明善简朴的行装，暗暗钦佩，端正不语。元明善并不知国王来意，忙恭敬地说：

"国王政务繁忙，何必又来送行？"

国王笑了笑，说：

"我因有件事很不理解，特来求教。"

元明善起身说道：

"请国王明示。"

国王请元明善落座，温和地说：

"敝国为感谢使者们跋山涉水远道而来，特备薄礼相赠。贵国大臣及随从人等均已收下，独你作为副使为什么不收？"

元明善没想列国王特来询问此事，感到有些惊奇。心想，在国王面前，他既不能公开指责上司，说正使贪财受礼，有失国格，也不能再推说自己是遵照先母遗教。沉思片刻，他巧妙地解释说：

"谢谢国王的好意，大使是代表我们国家接受贵国的礼品，表示两国和睦友好，我个人如若再接受礼品，就有贪财之嫌，有损我国的国格了，为了尊重我国的礼节，所以我不能接受，请大王谅解。"

国王听了他这番不卑不亢，巧妙机智的回答，赞叹不已。站在一旁的正使听后也连忙应付道：

"是的，是的，我接受的这份礼品正是代表我们国家的。"

回国后，正使只得把国王送的那份礼品上交了。

9. 徐海东两次要求降职

徐海东是中国著名的将军。他 1925 年加入中国共产党，曾历任红军的团长、师长、军长、军团长等职，参加过著名的平型关战役。

1930 年 3 月，徐海东被调到红军某部的三十八团当团长。在一次战斗中，他负了伤，被送进红军医院动手术。

他在医院里躺了一个月，后来怎么也住不下去了，便对医护人员说："不成，我受不了这份清闲，得到前线打仗去。"

医生劝阻说："再安心地养养吧，哪有这么快就出院的？"

"可是，我的三十八团天天在打仗！我不能丢下他们不管……"

"想出院也没人送你，你自己的腿有毛病，走不了。"

"给我借条毛驴好不好？"

"我们问过了，借不到。"

"好哇，看我能不能走路！"徐海东找了一根树枝作手杖，一拐一拐地寻找部队去了。

他到了师指挥部，师政委对他非常热情，但是不许他去团里，让他在师里休息。

他对师政委说："我早就休息好啦！"

"休息好了也不能去，可以帮助师部干些事情。"

师政委到底是什么意思？徐海东一时摸不着头脑。过了几天，有一位干事悄悄地告诉他："自你走后，又给三十八团派去了新团长，人家指挥得也不错……你明白了吧？"

"我还是不明白。"

"你怎么连这点道理也不懂，一个团怎么可以有两位正团长呢？"

"那我可以当副团长，协助正团长呀！"

"这个……"那位干事吞吞吐吐地说下去："你是受伤离队的，又没有犯错误，组织上不能把你降职使用。我看，还是乖乖地等着吧。"

"要等到什么时候？"

"等到某团的团长牺牲了，再派你去呗！"

徐海东再也听不下去了，马上找到师政委，说："战士们天天在流血，我们还讲什么正呀副呀，在这里绕口令。我坚决要求回三十八团，当副团长。如果不成，下去当营长……"

师政委见他这样坦白赤诚，不计升降，便接受了他的请求，派他当副团长去了。

他与团长合作得很好。每当忆起逗留在师指挥部的日子，他就感到好笑；一位能征善战的指挥员，非得留在师里"待分配"，这不是硬叫钢刀闲着生锈吗？

徐海东主动请求降职不止一次。1934 年 11 月，他正在担任红二十五军的军长。有一天，党中央派程子华同志来到军里，协助徐海东工作。徐海东发现程子华不仅有丰富的作战经验，而且对党中央的方针路线理解得深，看问题出点子处处比自己略胜一筹。他就想，这样子不行，我得听程子华的！

有一天，他突然对程子华说："喂，咱俩调一个过好不好？"

"怎么个调法？"程没听懂。

"你来当军长，我当副军长。"

"这可不成，我们得服从中央的安排。"

"这个你不用管，由我来办嘛！"

随后，徐海东给党中央写了一份报告，详细地陈述了自己的意见，并说这样做好处很多，在大敌当前的时刻，一切应从实际出发，什么资历、名分都是一些没用的东西，根本无需考虑。

党中央批准了这个建议。

徐海东参加革命不图当官，坦荡无私，虚怀若谷，视名利如鸿毛的美德，给红军战士们留下了深刻的印象。

10. 毛泽民律己待兄弟

毛泽民，字润莲，他是毛泽东同志的大弟弟。毛泽民在青年时代起，就跟着毛泽东同志为广大劳苦大众的解放事业英勇奋斗，47岁时，被敌人所杀害。

1931年7月，毛泽民接受上级指示，到闽粤赣革命根据地，担任了闽粤赣军区的后勤部长。次年，他主持筹备和成立了中华苏维埃国家银行并担任第一任行长。在任期间，他为"统一财政，筹款支援前线"做出了重要贡献。

工作中，他严格遵守各项制度。全行上下共100多名职工，毛泽民对他们要求很严，经常教育大家，理财用钱一定要做到三清：即头脑清醒、账目清楚、心地清白。

对有关支出项目，他都要严格把关，一一认真审阅，就连财政部门已经盖章批准的，也毫不马虎。

平时，他生活节俭，廉洁正直。虽身为行长，没有丝毫特殊之处。每月和别人一样，只领取少得可怜的一点点津贴费，从不多拿一分钱。他的弟弟毛泽覃来看望他，每次都是清茶淡饭，从不另外设宴。

有一次，哥哥毛泽东来访，他也同样以一般饭菜招待。周围的同志见了，觉得很过意不去，就劝他说："毛泽东同志是你的亲哥哥，同时他又是苏维埃中央政府主席，怎么能以粗茶淡水相待呢？动用一点公款招待一下，也是应当的嘛！"

毛泽民听了，笑着说："革命传统比兄弟情分更重要，手足之情也应该是君子之交淡如水啊！"

在场的毛泽东听了，也会心地哈哈大笑了起来。

11．陈赓严守军纪

陈赓，抗日战争时期，任八路军 129 师第 386 旅旅长。

1938 年秋天，太行抗日根据地刚建立不久，日本鬼子就到处进行疯狂的"扫荡"活动，想要消灭这一带的八路军，摧毁年轻的抗日政权。

当时，在山西武乡县宋家庄一带坚持抗击日寇的是 129 师 389 旅，旅长是陈赓将军。开始的时候，陈赓将军就住在宋家庄，后来，由于战斗越来越激烈，敌人一天天逼近宋家庄。为了避免不必要的损失，乡亲们进行了坚壁清野后，转移到其它地区，部队也陆续向山区移动。

有一段时间，粮食接济不上。因此，上自旅长，下至普通战士，有时竟两天多没有吃上一顿饱饭。

旅部的周管理员见到首长紧张繁忙地工作，那么辛苦，可是却吃不上饭，心里别提多焦急了。他深感自己责任重大，一定要设法保证首长的健康，使他能有充沛的精力指挥战斗。

这一天，陈赓将军正在和参谋等人在军事地图上研究一次反扫荡计划，忽然听身后的警卫员在小声交谈："告诉你个好消息，今天有南瓜吃，是周管理员找来的南瓜。"

陈赓心中诧异，放下手中的工作，跑出了指挥所，去问周管理员："喂！这是从哪里弄来的南瓜？"

周管理员忙答道："从村边的一块菜地里。老乡已经收过了，我们拾来的。"

陈赓看了看，果然是两个已经让霜打蔫了的南瓜，但他还追问道："跟谁买的？给钱没有？"

周管理员不好意思地摇了摇头。这下陈赓将军真的生气了，他语气沉重地责备道："谁让你们这样干的？现在每个战士都没有饭吃，大家都在挨饿！我们共产党员的干部又不是军阀，非要人伺候不行？我们是八路军，不是土匪，怎么能随便拿老百姓的南瓜？'三大纪律，八项注意'哪里去了？"

这时候，一些干部战士围了过来，大家都知道陈赓的纪律观念是很强的，就纷纷为管理员求情。陈赓对劝阻的人说："处分是一定要给的！我知道这里没有老百姓，可按你的说法，没有老百姓的地方，我们就可以违犯纪律了！"

"不！那当然不能……"

"说的对，败在日本鬼子手里还可以挽回，如果是败在老百姓面前，那就没法挽回了！"陈赓挥了挥手臂，提高了声调说："同志们，咱们一定要记住党中央毛主席的教导，只有在群众纪律上不吃败仗的军队，才能在凶恶的敌人面前取得彻底胜利！"

陈赓将军慷慨激昂的谈话，使在场干部战士深受教育。那次反扫荡，很快就取得了粉碎日寇进攻的胜利。

12. 许建国严教侄子

许建国在上海担任市委书记时，曾兼任上海市公安局长。他执法严明，从不姑息任何人。

他有个侄子，有段时间不务正业，和社会上的一些不三不四的人鬼混，干了一些坏事。他自恃叔叔是公安局长，以为公安部门没人敢管他。民警管教他，他根本不听。许建国知道后，十分恼火，立即把他找来，狠狠地训斥了他一顿，告诉他马上到派出所去主动交代问题。随后，他亲自打电话给派出所所长说："我们是执法者，必须带头守法，如果执法违法，又怎么能取信于民呢？正因为他是我的侄子，就更要从严处理。"

在许建国的坚持下，公安局把他的这个侄子送进了管教所。有些亲属因此对许建国很不满意，认为只要他说句话，孩子就没事了。事后许建国又找孩子们谈话，他说："不要以为我是市委书记、公安局长，你们就可以高人一等，你们也是社会普通一员，并没有什么特殊的地方。"

1958年，他的大儿子准备考大学，秘书起草了一封要求组织照顾的信。许建国知道后立刻加以制止，并且批评说："这样不好，考大学要凭本事，考上就考，考不上就去做工嘛！"后来，他的大儿子果然硬是凭着本事，考上了大学。

几年后，大儿子从北京航空学院毕业。当时，许建国已经出国任大使。他的女儿和小儿子希望哥哥能留在北京照顾弟妹，联合给父亲写信，要求他向有关方面打个招呼，在分配时给些照顾。谁知，许建国回信，严厉地批评了他们，教育子女当个人和国家利益发生冲突的时候，一定要以大局为重。结果，他的大儿子服从统一分配，高高兴兴地离开北京去外地工作。

　　许建国还十分注意对孩子们进行艰苦朴素的教育。有一次，全家吃早饭时，不满 *10* 岁的小儿子把一大截红薯扔掉了。许建国看到了十分严肃又十分耐心地说："你们不要因为今天有吃有喝就大手大脚。我们长征过草地时连皮带都吃光了，为了坚持战斗，我们把前面走过同志粪便里没有消化的青稞都一粒一粒地拣了出来，洗一洗再充饥。现在连红薯都咽不下去吗？你们要珍惜别人的劳动成果，要养成艰苦朴素的劳动习惯。"小儿子听了，红着脸把扔了的那一大截红薯从地上拾了起来。

　　他在国外工作了 *8* 年，从来没有买过什么贵重的物品。有一次，孩子要他从国外买手表，他指着自己手上戴的上海表，语重心长地说："你们不知道，在国外，我为能戴上一块国产手表有多么自豪，我经常把它出示给外国朋友看。你们不要看不起我们自己国家的东西。再说，当前国家外汇紧张，要把外汇用到国家最需要的地方去。"

　　在许建国的教育和影响下，他的孩子都衣食俭朴，对自己要求严格，成为国家有用的人才。

13. 彭雪枫会见教师代表

　　彭雪枫是中国共产党早期的领导干部之一，他任豫皖苏边区政府主席时，以身作则，带头尊师的事迹，一直教育、感动着许许多多的人。

　　有一次，天气闷热，闷得让人透不过气来。彭雪枫叫工作人员把房间打扫得干干净净，敞开门窗，又在地上洒了水，迎来了七位教师代表。

当时条件很艰苦，彭主席便把干部、战士们的蒲扇收了来，给每位老师一把，又亲手为每位老师座前端上一碗清茶。

对边区政府主席这样热情的招待，老师们心里感到既感动又不安。彭雪枫却诚挚地说："各位老师，你们为教育培养孩子，辛辛苦苦忙了一个学期，我为你们端端茶，倒倒水，有什么不应该？"

老师们听了这话，心里暖烘烘的。

彭主席接着又说道："你们能在条件这么艰苦，待遇这么菲薄的情况下，坚持教学，努力工作，是特别值得称颂的。我代表边区政府，向大家敬礼！"接着，他双脚一并，向老师们恭恭敬敬地行了个军礼。

接着，彭雪枫请大家提提工作中的困难和生活上的要求。老师们被彭主席的真诚感动了，就毫无拘束，毫不客气地讲了起来。他们讲了学校的条件，说了学生们的学习情况，谈到了工作、谈到了生活。

彭雪枫认真地听着，认真地说着。不知不觉地，天渐渐地黑了下来，远处传来了雷声，要下雨了。彭主席既怕老师们被雨淋了，又舍不得让老师们走；老师们呢，讲的人不理会雷声继续不断地讲，等着要讲的人，则怪怨地望着窗外。

雷声越来越大，雨也越下越大了。

彭雪枫站了起来，歉疚地说："实在对不起各位老师，谈了这么久，让大家遇上雨了。"

这时，勤务员抱着几件战士的蓑衣进来了。老师们站了起来，一个个拉着彭雪枫的手说："感谢彭主席百忙中关心我们……"

彭雪枫也紧紧抓住老师们的手说："今后，你们有困难就随时来；没时间来，就捎个口信，我去；要不然，就写个纸条，把困难写清楚。"

老师们顶着蓑衣要走了，忽然，彭主席拉住其中两位老师，说：

"我想起来了，你们两位，家太远，今晚别走了。"

两位老师说什么也不肯；彭主席却始终紧紧拉住他们，坚持道："不行，这么大的雨，路又这么远，你们走了，我怎么能放心！"说着，也不管两位老师想再说什么，抢下二人的蓑衣，叫警卫员藏了起来。两位老师没有办法，只好留下了。

警卫员费了好大的劲，找来了一块门板和一张草席，铺在了地上。

彭雪枫对两位老师说："你们两位，一个睡我的铺，一个睡警卫员的铺。"

"那您睡哪儿？警卫员睡哪儿？"两位老师急着问。

"这"。彭雪枫指指门板和草席。

两位老师急忙跑到席前，抢着说："不行，不行，要睡地上，也是我俩！怎么能让您睡地上呢？"

"到了我这儿，就得听我的。"彭雪枫装作一脸严肃地说。

两位老师还在争辩，彭雪枫却走上前去，硬把两位老师按到床上。又和警卫员一起，铺好草席，找来一块军毯，就要躺下。两位老师一见，又急忙跑过来，抢着要睡在地上。彭雪枫边把他们推走边说道："你们当老师的，身体不行；我们当兵的，整天风餐露宿，惯了。不信，咱们赛赛看，看谁先睡着。"

时间不大，小屋里响起了鼾声。先是从地铺响起；后来，床铺上也响了起来。

窗外的雨越下越大了，雷声也越来越响了。

14. 手套

冬天来了，天冷了，孩子放学的时候，天空中飘着细雨。孩子缩着脖子，还把双手插进裤袋里，匆匆地往家走。孩子路过一家商场，看到里面有好多人，包括一些学生都在买手套，孩子就决定也买一副手套，那样就不怕冻着手了。

孩子进了商场，像其他孩子一样，细心地挑选着手套。最后，孩子看中了一双棉手套，孩子戴在手上，非常的暖和。于是孩子就买下了它。

然后，孩子戴着手套回家了。路上，孩子想，我要不要告诉母亲我买手套了？告诉了母亲，母亲就可以给他钱。不告诉，母亲肯定不会给他钱。但是告诉了母亲，母亲肯定会心疼花了钱。母亲失业好一段时间了，最近才在一家家政公司上班，工资很低，而自己却花钱去买一副手套，母亲肯定心疼。

孩子决定先不告诉母亲买了手套，等找个适当的时候再说。孩子在开门之前，把手套取下来放进了书包。

打开门，母亲看到孩子回来了，就笑了，问："你冷吗？"孩子说："不冷，不冷！"母亲说："我给你买了一样东西，你猜猜是什么？"孩子听母亲说给他买了东西，就笑着说，肯定是好东西！母亲拿出一副棉手套来。孩子吃了一惊，说："妈，你给我买的手套！"母亲说："天这么冷，怕你的手冻着了！要是冻着了，怎么学习怎么写字？来，戴上试试，看合适不！"母亲说着就将手套往孩子手上戴。

孩子没想到母亲会为他买一副手套，太突然了。孩子觉得自己对不起母亲，母亲想着给他买手套，可是他呢，却只想着自己，只买手套给自己。孩子知道，自己买的手套，只怕是永远都不能拿出来了，只能拿去退掉。拿出来让母亲知道了，母亲会怎么想？肯定会心疼花了钱，而且还会认为孩子不关心她。

母亲给孩子戴好了手套，高兴地说："还真合适！暖和吧？"孩子说："暖和，真暖和！"孩子又说，"妈，你呢？你有手套吗？"母亲说："我不用戴手套！我不怕冷！"孩子知道，母亲肯定是为了省钱，舍不得为自己买手套。母亲怎么会不怕冷呢！不行，我得给母亲买一副手套。要是母亲的手冻着了，那她怎么干活？父亲不在了，家里全靠母亲呢！

第二天，孩子把自己买的那副手套好说歹说地退掉了，然后换了一副女式的棉手套。母亲给了他一副手套，他也要送一副手套给母亲才行。他不能让关心他的母亲把手冻着了，否则，他会不安的。

孩子回到家里的时候，吃了一惊，母亲的手上，已经戴着一副手套了。孩子没有把自己给母亲买的手套拿出来。孩子对母亲说："妈，你买手套了？"母亲说："买了，我怕你为我买手套，所以就先买了。"

孩子看了看母亲手上的手套，发现那是一种很便宜的手套。母亲终究是舍不得花钱的。孩子知道，母亲买这样的手套来戴，也只是为了让他安心，让他不再为她没有手套担忧她冻着了手。孩子说："买了就好！你要不买的话，我就要给你买了！只是这手套暖和吗？"母亲笑着说："很暖和的！你就放心吧，我的手不会冻着了！"孩子笑了笑，说："暖和就好，暖和就好！"现在，孩子是不能把自己买的手套送给母亲了。孩子把那副手套悄悄地藏了起来。孩子不能让母亲知道他给她买了手套，知道了，母亲肯定会心疼花了钱。孩子决定等明年冬天的时候再把手套送给母亲。

15. 拿破仑与秘书

拿破仑在欧洲军事、政治舞台上的杰出才能和辉煌业绩，使他成为法国人崇拜的偶像。因此，成为皇帝陛下的秘书，是许多人梦寐以求的愿望。但是，拿破仑的秘书毕竟不是好当的。

一次，拿破仑的一名私人秘书身染重病离职休息，需临时招募一名"书写漂亮"的秘书以做帮补，消息传出，人们展开激烈的竞争。结果，陆军部长办公室的沙罗先生被选中。突如其来的好运使他激动莫名，在同事们的一片欢呼声中，这位幸运儿穿戴得整整齐齐到杜伊勒利宫就职去了。

送走了沙罗先生后，大家对他的飞黄腾达羡慕不已，尚在谈论之际，办公室的门突然被人撞开了，沙罗先生丧魂落魄地出现在大家面前，帽子丢了，手套不见了，头发乱七八糟，四肢直打哆嗦。在众人惊讶万分的目光中，他诉说了刚刚在杜伊勒利宫的遭遇。

原来，沙罗先生入宫后，拿破仑打量了他一番，便叫他坐在靠近窗口的椅子上，然后就在房里大步地走来走去，指手画脚，不时地从嘴里迸出一些含混不清的词语。初来乍到的沙罗先生以为皇帝心绪不佳，嘴里嘟哝的东西与己无关，因此，并不注意听，只是屏住呼吸偷偷地用目光注视拿破仑的一举一动。过了约半小时，突然，拿破仑大步流星地朝他走来，说："给我重述一遍。"什么也没有记下的沙罗先生张口结舌，一下子惊呆了。拿破仑见纸上一片空白，顿时像狮子般暴跳如雷，怒吼连声。年轻的沙罗先生被吓破了胆，连秘书的椅子还没坐热，就连滚带爬地逃离了杜伊勒利宫。他一连5天卧床不起，此后，直到拿破仑在圣赫勒拿岛逝世多年，沙罗先生每每从远处眺望宫殿的圆屋顶时，仍心有余悸，全身禁不住轻轻颤抖。

对付拿破仑的口授，跟随他多年的首席秘书凡男爵却有一套办法。拿破仑口述时，有时含混不清地自言自语，有时又前言不搭后语地断断续续，杂乱无章。对此，凡男爵的办法是不管三七二十一，先听多少记多少，恰当地留下空白，以跟上说话人的思路，一等口授中途停止或最后结束，就赶紧整理残缺不全的草稿，绞尽脑汁地反复琢磨皇帝话语的含义，填补空白，组合句子。整理完毕，便交给拿破仑。此时，他若抖抖纸张，签上名字，把文件往凡男爵的桌子上一扔，说一声"发出去"那么，口授记录工作便算是大功告成了。

更令秘书叫苦不堪的，是拿破仑那非凡的精力，那简直是令人难以置信的。如有一次拿破仑想在枫丹白露筹建一所学校，曾一口气口授了共计517项条款的详细计划。平时，拿破仑习惯于每天工作十五六个小时，而在每次战役期间，他白天忙个不停地处理军政大事，晚上稍稍休息一会儿，待到凌晨一两点钟，便起床阅读战报和情报，思考问题，并立即就当天的军事行动做出决定。据史载，1806年秋对普鲁士作战期间，有一天，拿破仑除了外事活动外，竟连续口述了102项命令和指示。

有一天，拿破仑的情绪很好，高兴地捏捏秘书的耳朵，对他说："你也会永垂不朽的。"的确，拿破仑说得不错，那些和他一起生活工作过的人，后来很多都由于他的缘故而名垂青史。当拿破仑的秘书实在是一项可怕的差使，荣誉虽高，但是没有多少人愿意并且能够干到底的。

16. 船王与儿子

有位船长有着一流的驾驶技术，他曾驾着一艘简陋的帆船在台风肆虐的大海中漂泊了半个月，最后死里逃生。后来，他有了一艘机帆船，他又多次驾驶着他的新船行程几千里到过海洋最深的地方，渔民们都称他为"船王"。

船王有一个儿子，是他唯一的继承人。船王对儿子的期望很高，希望儿子能掌握他的驾驶技术，开好他设计的这条船。船王的儿子对驾驶技术学得也很用心。

船王的儿子到了成年，他驾驶帆船的知识已经十分丰富了。船王便放心地让他一个人驾船出海。第一次出海，他的儿子就死于一次台风中，一次对渔民来说也十分微不足道的台风。

船王十分伤心：我真不明白，我的驾驶技术这么好，我的儿子怎么会这么差劲？我从他懂事就教他如何驾船，从最基本的教起，告诉他如何对付海中的暗礁，如何识别台风前兆，又如何采取应急措施。凡是我积累下来的经验，我都毫无保留地传授给了他，可是，他却在一个很浅的海域内丧了生。

船王不明白他的儿子为何会死，你明白吗？船王一直手把手的教儿子，一直跟着儿子。他只传授儿子技术，却不能传授儿子教训，也不让儿子经历教训。对于知识来说，没有教训作为根基，知识只能是纸上谈兵。从小不让孩子摔跤，等长大了，摔一跤就再也爬不起来了。

17. 为自己的拥有而开怀

某欧洲国家一位著名的女高音歌唱家，年纪仅仅三十多岁就已经红得发紫，誉满全球，而且郎君如意，家庭美满。

一次她到邻国来开独唱音乐会，入场券早在一年以前就被抢购一空，当晚的演出也受到极为热烈的欢迎。演出结束之后，歌唱家和丈夫、儿子从剧场里走出来的时候，一下子被早已等在那里的观众团团围住。人们七嘴八舌地与歌唱家攀谈着，其中不乏赞美和羡慕之词。

有的人恭维歌唱家大学刚刚毕业就开始走红进入了国家级的歌剧院，成为扮演主要角色的演员；有的人恭维歌唱家有个腰缠万贯的某大公司老板作丈夫，而膝下又有个活泼可爱、脸上总带着微笑的小男孩……

在人们议论的时候，歌唱家只是在听，并没有表示什么。等人们把话说完以后，才缓缓地说："我首先要谢谢大家对我和我的家人的赞美，我希望在这些方面能够和你们共享快乐。但是，你们看到的只是一个方面，还有另外的一个方面没有看到。那就是你们夸奖活泼可爱、脸上总带着微笑的这个小男孩，不幸是一个不会说话的哑巴，而且，在我的家里他还有一个姐姐，是需要长年关在装有铁窗房间里的精神分裂症患者。"

歌唱家的一席话使人们震惊得说不出话来，你看看我，我看看你，似乎是很难接受这样的事实。

这时，歌唱家又心平气和地对人们说："这一切说明什么呢？恐怕只能说明一个道理：那就是上帝给谁的都不会太多。"

18. 嫉妒的力量

有一个孩子从小就非常聪明。

可惜他出生在贫困的山村，他的童年几乎得不到任何精神营养。

他翻出家里的《毛泽东选集》，但密密麻麻的汉字，他一点也看不懂，倒是后面的那些小字注释他看得津津有味，"夸父逐日"、"愚公移山"和"精卫填海"，这些古老的神话故事让他入迷。

九岁时他借来一本小说，他一边读着一边想，长大以后，我也要写书，要写好多好多书。

由于他聪明好学，成绩十分优异，一学期的课程，他只用几个星期就全自学完了。

然而他的性格太怪僻了，同学们都疏远他，老师也不喜欢他。他们不喜欢他的一个重要原因，竟然是因为他成绩太好。

他没当过一次三好学生，在老师冷冷的眼光中，他读完了小学。

初中时，在一次作文比赛中，他得了一等奖，挣来一本词典。

他花了几个月时间，把它读了一遍，还把所有的词条都抄在本子上。

他发疯般地迷上了写作，他写诗，写散文，并把这些稿子工工整整誊在稿纸上寄了出去。

这些投稿多数都泥牛入海，偶尔收到一封回信，也令他啼笑皆非，编辑告诉他：小小年纪不可能写得这么好，以后要端正态度，不要把别人的东西抄来，冒充自己的！将近二十年时间，他的作品只有百分之一得到发表机会，其他的，都压在箱底。

他开始四处奔波，寻找一份能养活自己的工作。

面试的时候，他对答如流，公司老板先是非常赏识他。

但是当他高见送出的时候，老板的脸就绷紧了。

在数百人的竞争中，他成绩最好，正因为成绩太好，他反而第一个被淘汰出局。

多少年来，他经常看到人们的白眼，更多地看到人们的红眼。

人们的白眼与红眼，在他心灵深处播下了激情与自信的种子，使他感觉到自己身上具有一种常人难以企及的力量，这种力量胜过所有来自外界的赞美与鼓励。

这是一种嫉妒的力量，而世界上，也许再也没有比招人嫉妒更大的认可了，在这种认可中，他看到了自己的位置和价值。

多年之后，庸庸碌碌的人们仍然庸庸碌碌，只是不拿白眼和红眼看他了。

因为他得到了越来越多的人的认可，他穿上了一件虽然廉价但是却被命名为"成功"的衣服。

回首往事，他心平气和地说。

那个孩子就是我。

那个孩子更应该是你，因为你能经常得到别人的鼓励，而我没有！

19. 另一种地狱

有一个人死后，在去见阎王的路上，路过一座金碧辉煌的宫殿。宫殿的主人请求他留下来居住。这个人说："偶在人世间辛辛苦苦地忙碌了一辈子，我现在只想吃，只想睡，我讨厌工作。"

宫殿主人答道："若是这样，那么世界上再也没有比我这里更适合你居住的了。我这里有山珍海味，你想吃什么就吃什么，不会有人来阻止你；我这里有舒适的床铺，你想睡多久就睡多久，不会有人来打扰你；而且，我保证没有任何事需要你做。"

于是，这个人就住了下来。

开始的一段日子，这个人吃了睡，睡了吃，感到非常快乐。渐渐地，他觉得有点寂寞和空虚，于是他就去见宫殿的主人，抱怨道："这种每天吃吃睡睡的日子过久了一点意思都没有。我现在是满脑肥肠了，对这种生活已经提不起一点兴趣了。你能否我找一份工作？"

宫殿的主人答道："对不起，我们这里从来就不曾有过工作。"

又过了几个月，这个人实在受不了了，又去见宫殿的主人："这种日子我实在受不了。如果你不给我工作，我宁可去下地狱，也不要再住这里了。"

宫殿的主人轻蔑的笑了："你以为这里是天堂吗？这里本来就是地狱啊！"

20. 自己种瓜

有两个人在大海上漂泊，想找一个生存的地方。他们首先到了一座无人的荒岛，岛上虫蛇遍地，处处都潜伏着危机，条件十分恶劣。

其中一个人说："我就住在这了，这地方虽然现在差一点，但将来会是个好地方。"而另一个人却不满意。于是他继续漂泊，后来他终于找到一座鲜花烂漫的小岛，岛上已有人家，他们是十八世纪海盗的后裔，几代人努力把小岛建成了一座花园。他便留在这里做小工，生活不好不坏。

过了很多很多年，一个偶然的机会，他经过那座他曾经放弃的荒岛，于是他决定去拜访老友。

岛上的一切使他怀疑走错了地方：高大的屋舍、整齐的田畴、健壮的青年、活泼的孩子……老友已因劳累、困顿而过早衰老，但精神仍然很好。尤其当说起变荒岛为乐园的经历时，更是神采奕奕。最后老友指着整个岛说："这一切都是我双手创造出来的。这是我的岛屿。"

那个曾经错过这个小岛的人感到十分惭愧。中国有句俗话叫做："吃自己种出的西瓜，你会感觉到分外地甜。"

柯维在论断"收获必须付出时"，常讲下面这个故事：多年以前一个炎热的夏天，伯纳德·哈古德和杰米·格伦驾车行驶在南亚拉巴马山区里。他们又累又渴，伯纳德把车停在一所废弃的农舍后面，这所农舍的院里有一台抽水机。他跳下车子，向抽水机跑去，抓住把柄就开始压水。压了一两下后，伯纳德指着一个旧桶，让杰米拿上去附近的泉边打一些水来，好倒入抽水机中，使它产生吸力开始抽水。如同所有的抽水者所知道的，你必须在抽水机顶部放一些水让抽水机产生吸力，然后才会有源源不断的水涌出来。

在人生的赛场上，在你想得到什么之前，你必须得先有所付出。可惜，许多人在生活的火炉前站着说，"火炉啊，给我一些热量吧，我会给你增加木柴的。"很多时间，秘书对老板说："给我加薪，我会更好地工作，会更加尽职尽责。"

而售货员找到老板说："让我做销售部经理吧，我会真正让你看到我的能力。直到现在我都没有尽力干过工作，但我需要一份管理别人的工作才能尽力发挥才干。所以请你让我做老板，然后看看我是如何表现的吧。"

学生则对他们的老师说，"如果这学期我的分数很糟糕的话，我的家人会责怪我的。所以，老师如果你在这半学期给我高分，我发誓下半学期会真的刻苦学习。"

这样干一点儿用都没有。如果有用，我们甚至可以想像到农夫在祈祷，"主啊，如果今年你给我一粒粮食，我保证明年会播下种子，辛苦耕耘。"实际上他们所说的是："给我报酬，我会去创造生产的。"但是生活并不遵循这样的规律。如果你想生活赐予你什么，首先你必须得先付出。这个关系得倒过来看，不能老是期盼别人先给你什么，你才能做什么，而要靠自己去设法求取。现在，如果你在剩下的人生之路上牢牢遵循这个规律的话，许多问题将会迎刃而解。要享受生活的快乐果实，就必须先为生活施肥、浇水。那样，你们获得的快乐才能从里到外一甜到底。试想，如果你是一个农夫，当你把丰硕饱满的果实搬进粮仓时是一种什么样的感觉？如果你是一名教师，当你看着自己的学生一个个走向成功的道路时是什么感想？如果你是一个母亲，看着自己的子女结婚生子，并与之共享天伦之时，又是何等的惬意……

21. 一棵树

有一棵树，树上攀满了猴子——每层的枝丫上都有，还有的正往上爬。上面的猴子往下看，看到的都是笑脸，下面的猴子往上看，满眼都是屁股。

如果有果子，顶层的猴子先吃，吃完了总要拉，下面的猴子得到的是上面猴子的屎。往上爬的猴子的脸总得先贴许多猴子的屁股，能爬多高不仅取决于爬树的技巧，也可能取决于贴屁股的数量。

最顶层的猴子不用贴其他猴子的屁股了，但它的屁股得防备被其他欲取代它的猴子踹上一脚，然后从树上掉下来。暴风雨来了，树要断了，上面的猴子拼命用树枝打下面的猴子，树上乱作一团，混乱中有猴子纷纷往下掉。掉在地上的猴子得到树上掉下来的果子，算是不幸之后的赔偿。树的负担轻了，一切又慢慢恢复正常。

22. 抬起两只脚的后果

在印度哲学家奥修的书中讲过一个故事。奥修对一个人说，站立时我有办法让你的左脚不能抬起来。那个人就笑他，脚是我自己的，你怎么能让我抬不起来呢。于是奥修就对他说，你先把你的右脚抬起来。等那人照办后，他又说，别放下你的右脚，再把你的左脚抬起来。那人自然做不到了。

有时候我们以为自己做得越多，就得到越多，机会和可能性越多。可有时候却是恰恰相反，因为做了一件事却可能使我们陷入绝境。

还记得刚入小学一年级的时候，老师问我们有什么梦想，回忆一下那些梦想绝大多数惊天动地，比如成为国家领袖、宇航员、科学家、世界首富、电影明星、首席间谍……就连律师、医生这类比较时髦的职业都很少进入考虑之列。而老师看着未来的栋梁们，听得眉开眼笑，以后可以借着"名人之师"的名义发达了。

不过，当然不可能一个班都成为时代英雄。过了 17 年，又遇到了昔日的同学，大家的理想几乎全部变成了：在 40 岁前还完房子的贷款；在 5 年内晋升为主任；嫁个合适的人；把父母接到城市里生活……要说我们班最大的英雄，应该数那个男生，一举让老婆生了对双胞胎。

23. 善良的实用价值

我个人对此有过体会：这人一开始就会给你良好的印象，从彼此陌生到成为朋友只是 72 小时内的事。多日的相处之后，他（她）用尽了善心，将你感动得一塌糊涂。忽然有一天，他（她）可怜巴巴地提出一个要求，你会毫不犹豫地答应……以后的日子里，各种要求会不时出现，直到有一天，某个要求触及你的人格尊严问题……于是，你开始考虑拒绝，但又觉得对不起他（她），陷入内心的困惑与矛盾中。

然后，你开始怀疑自己，紧接着怀疑对方。渐渐地，他（她）的善良成为你的心理负担……你不得不开始退缩、回避……

如果将善良投资到人际中，它会有很高的实用价值，不在近期，就在远期。这是一些有远见的聪明人深深懂得的小道理。因此，这些人在投资他（她）的善良时，往往有迫不及待的表情，令你感觉不安，感觉自己像条鱼，承受着钓翁劈头盖脑撒下的饵。

"有目的"决定了善良的虚伪，"无目的"决定了善良的真诚。但有时候我们难以判断面前的善良到底有没有目的——尤其是那种作为长期投资的善良。因为从表象来看，善良的面目大抵相似。这是令人厌倦的事，当善良也需要接受者去掂量的时候，当时的场景是很滑稽的。

生命中类似这样的尴尬还有一些，你既不想接受，也不便断然拒绝，只好哼哼哈哈，原本清晰的面孔忽然间变得模糊了；但对面的那张笑脸却非常明确，他（她）拱着手，将善意写在嘴上，落实在细小的行动上，直盯着你的眼睛，似乎看透了你内心对善良的渴望——此时，善良其实也是人性中一个可以利用的弱点。

这种人是可恶而又可怕的，他（她）深知：即使虚伪的善良，也比恶更具有深层次的力量。恶的力量体现在攻击性，而伪善的力量体现在包围性。简单地比喻：恶是一把刀子，而伪善是一张网；恶直接针对肉体，而伪善则是对心灵的渗透。还有一点不同是，恶往往惧怕站在阳光下，而伪善则可以堂而皇之地公然表达。

当善良到达这一步时，它就是恶的化身了。恶是追求短期实用价值的，伪善又何尝不是呢？

24. 狐狸的悲哀

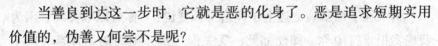

猎人捕获过各种各样的动物，惟独没有捕获过狐狸。因为这种动物太狡猾，奔跑速度也不慢。往往猎人刚端起枪，狐狸就跑得无影无踪。

可是，猎人决意与狐狸一比高低。他知道在一座山上有一只老狐狸，于是他备足枪弹上了山，在狐狸经常出没的草丛里藏了起来。

狐狸真的来了，它跳到岩石上逡巡一阵，锐利的目光立刻发现草丛里有不速之客。它意识到，猎人的目标不是别的动物而是自己，这一回它不跑了。它相信自己绝顶聪明，有敏捷的反应和判断能力，只要猎人一有动静，它就会逃之夭夭。

狐狸做了个假动作，猎人果然开了枪，把它面前的土打得乱飞。狐狸为自己的计谋得逞而哈哈大笑："嘿，就你这点水平，还想打我，笑话！"

猎人没有理会狐狸的嘲笑，继续瞄准射击。"砰！""砰砰！""砰砰砰！"射出的子弹全部落空。

狐狸得意地笑了。它把身边的一块圆石头滚下岩石，石头飞快地跑着。猎人以为狐狸跑了，马上站起就追。他被缠绕的草绊了一下，跌了个大马趴。猎人的脑门跌了个大包，手也有些颤抖，满身草屑，十分狼狈。

狐狸站在岩石上，笑得合不拢嘴，它一边高兴地跳着舞蹈，一边大叫道："哈哈哈！看你那老样儿，子弹快用完了吧！接着再来，我愿奉陪到底！"

猎人揉了揉脑袋，边上子弹边对狐狸说："你可以嘲笑我，因为我确实很难打中你。即使如此，我失误一次，损失的不过是一颗子弹；而你只要一次失误，损失的就是你的生命。"

狐狸的脸色变了，强烈的危机感包围了它。它抖动身上的毛，打算远远逃开，可是刚才舞蹈的时间太长了，它的手脚有些酸软，此时猎人扣动了扳机。

子弹射中了狐狸的心脏。它重重地摔在了地上，临死前的那一刹那，它十分后悔——因为，原本它是有机会逃走的。

25. 大阪青蛙去京都

一只青蛙住在大阪，听说京都热闹非凡，打算去开开眼界。

一只青蛙生在京都，听说大阪风光旖旎，决定去长长见识。

两只青蛙跋山涉水，经历艰难险阻，却毫不动摇。直到有一天它们在山顶相遇。

"我要去京都"，大阪青蛙说。"克服了重重困难，但愿京都不要令人失望。"

"我要去大阪"，京都青蛙说。

"一路上马不停蹄，希望大阪不会令人后悔。"

"我有个好主意"，大阪青蛙说。

"与其满怀希望，倒不如事先求证，我们站在对方肩上，就可以看到目的地。"

于是，两只青蛙在山顶叠起罗汉。

大阪青蛙站在伙伴肩头，伸长后腿，仰头望，"原来京都跟大阪一模一样！"它失望万分。

轮到京都青蛙，它也挺直脖子，仰头望。

"原来大阪和京都别无二致！"它垂头丧气。

"幸好我们预先观望，省了一半徒劳的旅程。"

两只青蛙分头下山，各自回家。但自作聪明的家伙忘了，青蛙的眼睛生在后脑勺上。

大阪青蛙看到的是大阪，京都青蛙瞧见的是京都。

两只青蛙告诫儿孙，追求梦想没有把握，出门探险更是胡闹，其实世界全都一个样！

26. 老鼠择婿

从前，有一只十分美丽的小老鼠到了出嫁的年龄，双亲对她说："我们一定要为你寻找一个世界上本领最高强的丈夫。"

说着，鼠爸爸和鼠妈妈从他们阴暗的洞中爬出来，去为女儿寻找雄伟的丈夫了。

鼠妈妈看了看天空，说：

"我想，世界上再也没有比太阳本领更高强的了他一出来，大地便一片光明。我们为女儿向太阳求婚吧！"

鼠爸爸也这样认为。于是鼠妈妈便用温存的声音说道：

"太阳，太阳，娶我们的女儿为妻吧。在世界上，你再也找不到比她更漂亮的啦。"

太阳立刻同意娶小老鼠为妻，并为自己将娶到如此美丽的妻子而高兴。

但是鼠爸爸毕竟想得周全，他又进一步问道：

"请告诉我，太阳，真的再没有比你本领更高强的了吗?"

太阳说："只有风比我本领更高强。当他刮起来的时候，乌云笼罩，我便无法照耀。"

"唉，那我们不能把女儿嫁给你了。"老鼠说着便动身去找风。

中午，他们在山那边找到了风。

"风啊，请娶我们的女儿为妻吧。在世界上，你再也找不到比她更漂亮的啦。"

风立刻同意娶小老鼠为妻，并为自己将娶到如此美丽的妻子而激动。

但是，谨慎的鼠爸爸又为防备万一而问道：

"听说世界上再也没有比你本领更高强的了,这是真的吗?"

风说:"只有路边的石头比我本领更高强。我从早到晚地刮它,而它却巍然不动。"

"唉,那我们不把我们的美丽女儿嫁给你了。"说着老鼠便动身去找路边的石头。当他们找到了它时,鼠妈妈便说:

"石头啊,石头,请娶我们的女儿为妻吧。你再也找不到比她更漂亮的啦。"

石头万分欢喜,立刻就答应了。但是,机智的鼠爸爸再一次为防万一而问道:

"世界上再也没有比你本领更高强的了,对吗?"

石头说:

"只有邻村的水牛比我本领更高强。每天它都在我身上磨它那对角,磨得我都快裂了,而我却无可奈何。"

"那我们不把自己的美丽女儿嫁给你了。"老鼠大声地说着,并动身到邻村去。

他们在牛栏里找到了水牛,鼠妈妈说道:

"噢,水牛,请娶我们的女儿为妻!你再也找不到比她更漂亮的啦。"

水牛高兴地同意了。但是,聪明的鼠爸爸问未来的女婿道:

"世界上再也没有比你本领更高强的了,对吗?"

水牛答道:"只有鞭子比我本领更高强,我永远听从它的,我无法使它不落到我身上。"

这时鼠妈妈叫道:

"不能把我们的美丽女儿嫁给你了!"

接着,他们在牛栏里找到了鞭子,鼠妈妈喊道:

"鞭子啊,鞭子,世界上再也没有比你本领更高强的了,娶我们的美女为妻吧!"

鞭子说："在这个牛栏的一个角落里，有一种不知什么动物，每个夜晚都啃我，而我却束手无策。这种动物比我本领更高强！"

鼠妈妈和鼠爸爸忙向那个角落奔去，并立即找到了一个不大的洞。一只年轻英雄俊的老鼠正探头探脑地从洞口往外张望呢。

"那么是他在世界上本领最高强！"老鼠高兴极了，"啊，本领最高强的，请娶我们的女儿为妻吧！世界上再也找不到比她更漂亮的啦！"

这只老鼠当然心满意足地同意娶老鼠美女为妻。就在这天举行了快乐的、有音乐伴奏的婚礼。太阳、风、石头、水牛和鞭子，都来参加。老鼠新娘向每一位客人说：

"祝贺我吧！世界上再也找不到比我丈夫本领更高强的了！"

27. 泥人过河

某一天，上帝宣旨说，如果哪个泥人能够走过他指定的河流，他就会赐给这个泥人一颗永不消逝的金子般的心。

这道旨意下达之后，泥人们久久都没有回应。不知道过了多久，终于有一个小泥人站了出来，说他想过河。

"泥人怎么可能过河呢？你不要做梦了。"

"你知道肉体一点儿一点儿失去时的感觉吗？"

"你将会成为鱼虾的美味，连一根头发都不会留下……"

然而，这个小泥人决意要过河。他不想一辈子只做这么个小泥人。

他想拥有自己的天堂。但是，他也知道，要到天堂，得先过地狱。

而他的地狱，就是他将要去经历的河流。

小泥人来到了河边。犹豫了片刻，他的双脚踏进了水中。一种撕心裂肺的痛楚顿时覆盖了他。他感到自己的脚在飞快地溶化着，每一分每一秒都在远离自己的身体。

"快回去吧，不然你会毁灭的！"河水咆哮着说。

小泥人没有回答，只是沉默着往前挪动，一步，一步。这一刻，他忽然明白，他的选择使他连后悔的资格都不具备了。如果倒退上岸，他就是一个残缺的泥人；在水中迟疑，只能够加快自己的毁灭。而上帝给他的承诺，则比死亡还要遥远。

小泥人孤独而倔强地走着。这条河真宽啊，仿佛耗尽一生也走不到尽头似的。小泥人向对岸望去，看见了美丽的鲜花、碧绿的草地和快乐地飞翔着的小鸟。也许那就是天堂的生活。可是他付出一切也几乎不能抵达。上帝没有赐给他出生在天堂当花草的机会，也没有赐给他一双当小鸟的翅膀。但是，这能够埋怨上帝吗？上帝是允许他去做泥人的，是他自己放弃了安稳的生活。

小泥人以一种几乎不可能的方式向前挪动着，一厘米，一厘米，又一厘米……鱼虾贪婪地啄着他的身体，松软的泥沙使他每一瞬间都摇摇欲坠，有无数次，他都被波浪呛得几乎窒息。小泥人真想躺下来休息一会儿啊。可他知道，一旦躺下他就会永远安眠，连痛苦的机会

都会失去。他只能忍受，忍受，再忍受。奇妙的是，每当小泥人觉得自己就要死去的时候，总有什么东西使他能够坚持到下一刻。

不知道过了多久——简直就到了让小泥人绝望的时候，小泥人突然发现，自己居然终于上岸了。他如释重负，欣喜若狂，正想往草坪上走，又怕自己身上的泥土玷污了天堂的洁净。他低下头，开始打量自己，却惊奇地发现，他已经什么都没有了——除了一颗金灿灿的心，

而他的眼睛，正长在他的心上。

155

28. 一个女人和两个男人

有一个女人，她年轻漂亮，极迷人。有两个年轻男人，他俩爱上了这同一个女人，几乎同时向她求了婚。

两位的求婚使她心满意足。有生以来，能够挑选总是让人高兴的事。但是她左右为难，究竟选谁呢？于是她把他们俩人都叫过来，说："我把你俩都叫来是有原因的。你们都告诉我你们爱我，但我一直难以作出决定，你们俩都是极棒的男子汉……"

两个男人分别倾身诉述衷肠，山盟海誓。

"没有人比我更爱你。如果可能的话，我可以掏出心来让你看看。"

"不！最爱你的人是我。为了你，我心甘情愿献出生命！"

"你夸下海口献出生命算什么？如果你真的这么想，那么我们来场决斗。如果你有勇气……"

"正合我意，我们进行公平决斗。除此之外，没其他办法了。"

他们四目相对，似乎真要决斗。女人插到他俩之间说："你们别犯傻，我不知道谁的爱更深，但决斗毕竟太野蛮。我们生活在一个文明的社会里，应该有更好的竞争方式，展示谁的能力更强。"

"同意！你说怎么办？"他俩说。

"我要你俩各自去做生意，我想看看从现在开始一年之后谁能赚取更大的利润。别误解我的意思，我可不是那种财迷心窍的女人。但是我觉得这是测试一个人在现代社会中能力强弱的最好的方法。"

"很好！我们就以这种方式一决胜负。我相信我会赢。你能发誓遵守决胜结果吗？"

她同意了，比赛规则也产生了。

　　两个男人都着手认真研究最有利可图行当。他们订下计划开始工作，废寝忘食地工作。

　　一年期限到头，他俩回到女人那里，一个男人说："我竭尽全力地工作，但是遭到一场始料不及的灾难，所以我的生意很不如人意。我退出比赛。"

　　但另一位打断了他的话："我的生意很好，但是如果他没有遭灾，他也可能会赢。我这么赢了心里也不是滋味，我愿将决斗推迟一年，那时会更公平些。"

　　这个建议合情合理，女人赞同，比赛继续。接下来的一年中，两个男人对自己的工作更认真，他们的生意都比以前好。

　　年底，他俩又回到女人那里，一个男人说："我现在已在他之上，我似乎已赢了。但我并不为此感到高兴，因为他去年对我太大度了。作为回报，我请求再推迟一年。与此同时，我们都要多挣些钱，无论谁赢了，对你都更好。"

　　她又一次赞同了。两家企业规模仍在扩大，虽然偶有失误，他们也能将损失控制在最小量，并能吸取教训，完善未来规划。

　　一年后，决定又一次推迟。以前他们只是在做梦，但现在他们开始理解什么是真正的商界。从现在开始，这场竞争变得认真了。他们在前期瞎闯的基础上继续努力，目标明确地奔向未来。

　　他们热情饱满继续竞争，并乐在其中。他们在发展企业扩大收益的过程中还找到了刺激和快乐。这使他们的生活更有价值，其它一切都无关紧要。

　　数年过去了。

　　女人不再年轻了。她把两个男人叫来，她说："我看到你们俩都获得了极大的成功，这使我很高兴。但是我怎样呢？我们不是许下诺言了吗？我要求快做决定。"

　　两个男人耳语一番。

"是的，没错。曾经许诺过，我们现在的成功全归功于她。无论如何明年我们得做出决定，但是条件颠倒过来吧，输者娶她为妻……"

29. 生存游戏

1942 年的冬天，盟军的两支部队分别从红海东岸和地中海沿岸，向驻扎在北非的一个德国军营挺进，任务是从那里的纳粹集中营里救出被关押的 500 多名英国军人和北非土著。执行任务的是一支英国军队和一支美国军队。

英国军队穿过一段丛林，渡过尼罗河，一路上平平安安，没有敌军埋伏，甚至没有野兽袭击，行军非常顺利。

而美国军队从红海东岸起程，需要穿过一段沙漠，渡过一条没有桥的河流，需要冲破敌人的两道防线，更要命的是在突破第二道防线后准备安营扎寨休整小憩之时，希特勒安置在苏丹东部的一个藏兵营向他们扑来。而此时，他们已经疲惫不堪了。

十天后，盟军按计划拿下了阿尔及利亚东部的德军驻扎点，营救成功。谁也想不到，立下这一汗马功劳的不是英军，而是当时已经危在旦夕的美军，当那个藏兵营的德军追上来时，美军早已顺利完成任务沿着英军的进军路线撤退了。撤退途中他们遇到一个英国士兵，英国士兵告诉他们：我们的部队被一支德国藏兵营突然冲散了……

"一支强大的军队这样轻易地被……为什么？"美军指挥官斯特罗斯问。

英国士兵沉默了，因为他也不知道为什么。真正明白个中缘由时，他已经成了一位老人。战后他一直在一个山林里过着悠闲自在的狩猎生活，和他相伴的是一只勇猛的猎狗。1962 年，他结束了打猎生涯，买了一座庄园，养起了一群鸡鸭，猎狗也成了庄园的一个主人。两个月后，一向威猛的猎狗开始不思茶饭萎靡不振起来，最多也就是百无聊赖地到庄园中间那个小山丘上逛一圈，然后无精打采地回到它的小房子里呼呼大睡，很快就瘦得像一具标本了。老士兵非常着急，但不知怎样才能改变现状。转眼到了冬天。一只觅食的苍鹰光临了他们的庄园，低低地在上空盘旋，猎狗突然双目发光，蹿起来冲着苍鹰狂叫，威风极了。那天，狗吃了许多东西。

有所醒悟的老兵从山里捕回一只狼，拴在庄园外的一棵树下。从此情况果然变了，只要看到狼，狗便显得非常精神，并且一天天胖了起来。

10 年后，猎狗因年事已高病死了，老士兵去了日本旅游。他偶然看见几个孩子在玩一个叫做"生存"的游戏：一些卡片上分别有老虎、狼、狗、羊、鸡、猎人等图案，三个孩子各执一副，暗自出牌，虎能通吃，但两个猎人碰一块儿可以打死一只虎，一个猎人能打死一只狼，两只狼碰在一起可以吃掉一个猎人。有道理，老士兵想。但他发现，当每个孩子手里的虎和狼都灭亡后，一只羊就能吃掉一只狗。

羊怎么能吃掉狗呢？老士兵不解。三个孩子认真地说："当然，因为虎和狼没有了，狗正处在一种安逸和放松的享乐状态中，在我们的生存游戏中，此时不但一只羊能吃掉它，两只鸡碰在一起都能将它消灭。"

30. 制定计划的方法

15 年前，比尔已经决定自己要做一个电脑程序员。他的妻子认为这是个好想法并且想知道他想到哪儿上学。

"我还不知道，"比尔回答说，"但是我明天将查查这些学校。

比尔开始一一查找——甚至包括英国的一些学校。他尽可能地到那些学校同学校的师生交谈。很快他对每个学校和它们的课程设置积累了大量的信息。他也开始积累所有有关公司需求和行业走向的信息。

规划是一件很复杂的事。每一所学校都有其长处和短处，比尔一一审查。他觉得放弃每一种可能性都是可惜的。

毕竟他对具体的选择不是无所不知。当然，要把每一所学校的不同与整个行业、经济和社会的需求和走向相联系。比尔全面地审查，花了大量的时间去评估那些需求和趋势。当然在他挑选学校时，必须考虑如何养家糊口和与家人保持联系。在得到每一个新信息和考虑新

因素时，比尔都要通盘考虑他的行动计划，花几星期、几个月甚至几年的时间对它所需要的和可能造成的后果进行调整和评估。比尔想找到成为电脑程序员的最好办法，整个 1 年他都在考虑。然后是整个 2 年、3 年、4 年……

一旦你对自己的目标有一个明晰的概念，你必须构造某一个你认为能够保证目标实现的行动计划。例如，如果你决定去西雅图，你必须决定怎么到那儿。你是开小车，坐巴士，坐飞机，坐船，坐火车还是它们的综合？你将采取哪一条线路？什么时候动身？什么时候抵达？等等。换言之，在为自己确定目标后，有必要将这个目标分成几个必须采取的步骤，以使目标有可能实现。计划是一个处方，这个处方描述了制作《烹饪》杂志封面上令人垂涎欲滴的菜肴的方法。这个处方将告诉你需要什么原料，什么时候添加和怎么处置它们。但是，这个处方并没有为你制作菜肴，它仅仅告诉你如何去制作。

比尔当然认识到，要成为一个电脑程序员，他需要将目标分成

几个必须采取的步骤。毕竟他不能仅仅走人霍尼韦尔公司，坐在电脑桌前并宣称自己是个程序员。比尔失误之处在于：他把这些行为划分为太小的单元。受要挑选最好的计划的标准所驱使，比尔忙于收集和分析堆积如山的信息和可能性之中。比尔最终形成的计划将是全面、清楚和天衣无缝的，这当然不错，但也有可能到他做出选择时，电脑将过时。比尔在细节中迷失了。

如此细致、周密的计划可能会造成需要和实现的大量延误，除此之外，如此狭隘、详细的计划在稍后还可能成为僵硬和失望的源泉。计划的目的是将你的行为引向某个具体的结果。但是，因为没人确切地知道未来，详细的计划会很容易变得不合时宜。世界的不确定性决定了意外结果的存在：比尔选择的学校改变了入学要求；他计划从师的老师退休；他的妻子怀孕（并且是双胞胎）；他在现在的工作岗位上被升职或他发觉他对电脑已失去兴趣。这时怎么办？由于对他所追求的未来的可能性进行无尽的细分，将使他在一条不再与他现状相符的道路上走下去。

31. 炼金术

泰国有个叫奈哈松的人，一心想成为大富翁，他觉得成功的捷径便是学会炼金术。他把全部的时间、金钱和精力都用在了炼金术的实践中。不久，他花光了自己的全部积蓄，家中变得一贫如洗，连饭也吃不上了。妻子无奈，跑到父母那里诉苦，她父母决定帮女婿改掉恶习。他们对奈哈松说："我们已经掌握了炼金术，只是现在还缺少炼金的东西。"

"快告诉我，还缺少什么东西？"

"我们需要3公斤从香蕉叶下搜集起来的白色绒毛，这些绒毛必须是你自己种的香蕉树上的，等到收完绒毛后，我们便告诉你炼金的方法。"奈哈松回家后立即将已荒废多年的田地种上了香蕉，为了尽快凑齐绒毛，他除了种自家以前就有的田地外，还开垦了大量的荒地。

当香蕉成熟后，他小心地从每张香蕉叶下搜刮白绒毛，而他的妻子和儿女则抬着一串串香蕉到市场上去卖。就这样，10 年过去了，他终于收集够了 3 公斤的绒毛。这天，他一脸兴奋地提着绒毛来到岳父母的家里，向岳父母讨要炼金之术，岳父母让他打开了院中的一间房门，他立即看到满屋的黄金，妻子和儿女都站在屋中。妻子告诉他，这些金子都是用他 10 年里所种的香蕉换来的。面对满屋实实在在的黄金，奈哈松恍然大悟。从此，他努力劳作，终于成了一方富翁。

32．一枝铅笔

纽约里士满区有一所穷人学校，它是贝纳特牧师在经济大萧条时期创办的。1983 年，一位名叫普热罗夫的捷克籍法学博士，在做毕业论文时发现，50 年来，该校出来的学生在纽约警察局的犯罪记录最低。

为延长在美国的居住期，他突发奇想，上书纽约市市长布隆伯格，要求得到一笔市长基金，以便就这一课题深入开展调查。当时布隆伯格正因纽约的犯罪率居高不下受到选民的责备，于是很快就同意了普热罗夫的请求，给他提供了 1．5 万美元的经费。

普热罗夫凭借这笔钱，展开了漫长的调查活动。从 80 岁的老人到 7 岁的学童，从贝纳特牧师的亲属到在校的老师，总之，凡是在该校学习和工作过的人，只要能打听到他们的住址或信箱，他都要给他们寄去一份调查表，问："圣·贝纳特学院教会了你什么？"

在将近6年的时间里，他共收到3756份答卷。在这些答卷中有74%的人回答，他们知道了一枝铅笔有多少种用途。

普热罗夫本来的目的，并不是真的想搞清楚这些没有进过监狱的人到底在该校学了些什么，他的真实意图是以此拖延在美国的时间，以便找一份与法学有关的工作。然而，当他看到这份奇怪的答案时，再也顾不了那么多了，决定马上进行研究，哪怕报告出来后被立即赶回捷克。

普热罗夫首先走访了纽约市最大的一家皮货商店的老板，老板说："是的，贝纳特牧师教会了我们一枝铅笔有多少种用途。我们入学的第一篇作文就是这个题目。当初，我认为铅笔只有一种用途，那就是写字。谁知铅笔不仅能用来写字，必要时还能用来做尺子画线，还能作为礼品送人表示友爱；能当商品出售获得利润；铅笔的芯磨成粉后可作润滑粉；演出时也可临时用于化妆；削下的木屑可以做成装饰画；一枝铅笔按相等的比例锯成若干份，可以做成一副象棋，可以当作玩具的轮子；在野外有险情时，铅笔抽掉芯还能被当作吸管喝石缝中的水；在遇到坏人时，削尖的铅笔还能作为自卫的武器……总之，一枝铅笔有无数种用途。贝纳特牧师让我们这些穷人的孩子明白，有着眼睛、鼻子、耳朵、大脑和手脚的人更是有无数种用途，并且任何一种用途都足以使我们生存下去。我原来是个电车司机，后来失业了。现在，你看，我是一位皮货商。"

普热罗夫后来又采访了一些圣·贝纳特学院毕业的学生，发现无论贵贱，他们都有一份职业，并且都生活得非常乐观。而且，他们都能说出一枝铅笔至少20种用途。

普热罗夫再也按捺不住这一调查给他带来的兴奋。调查一结束，他就放弃了在美国寻找律师工作的想法，匆匆赶回国内。目前，他是捷克最大的一家网络公司的总裁。2000年圣诞之夜，他通过。

E—mail 给纽约市政厅发了一份调研报告《醒着的世界及它的休眠状态》，算是对前任市长的报答。

33. 鸟与猫

　　离开喧嚣的城市，回农村老家过年。独自坐在吊脚小阁楼里，重温秉烛读书的旧梦。

　　残月被彤云笼罩，昏黑中透出许多静谧。北风在窗外的荆竹林里低吟，雪花簌簌地落在小楼外的梅树上，偶尔有雪压翠竹的爆裂声。火盆里的橡木炭火发出浓郁的香味，把严寒挡在屋外；摇曳的烛光洒在外祖父留给我的线装古书上。读过数遍的《聊斋志异》仍然和第一次阅读时一样吸引着我。和儿时千遍万遍扭住奶奶要她给我讲"野人婆"的故事一样，总不会厌倦。明知不会有多情的狐仙来伴我，仍迷恋这些美丽动人的故事，希望遇见善良的异类。此时，身边只有一只顽皮可爱的花猫。它上蹿下跳，不断抓我的书，轻轻咬我的手，我偶尔也摸一摸它的皮毛，示意它安静。后来，我被书迷住，不再理它，它便咪咪地叫了几声，发泄对我的不满，然后依偎着我脚，傍着炭火梦见周公而去。

　　烛光在字里行间静静地流，不知时光过了多久。

　　突然，窗外发出一阵奇异的声响，好像有人重重地敲击窗户纸，在这更深人静的山村风雪夜，有谁深夜造访呢？若有风雪夜归人，只应推开映雪的柴门，不会拍打小轩窗。真有狐狸精找上门了吗？此刻，我畏缩了。可笑，我不是好龙的叶公吗？窗外的动静越来越大，同时发出"扑扑"的怪声。连入睡的花猫都被惊醒。它弓腰，竖耳，一双圆溜溜的大眼睛注视着那声源，俨然我的保护神。正在惊异与狐疑时，一只八哥穿破花窗的白纸，闯进屋里。它在屋里飞了几圈，便落在书架上。惊魂不定，却见花猫发出"虎虎"的低沉的怒吼，并在寻找爬上书架的路径。我剖见花猫的狼子野心，便想把这只惊惶的八哥捉下来，放它逃离这要命的地方。八哥出于本能，绝不相信人能有什么善心。为了逃命，飞下书架，降落在松木楼板上。还没看见其落脚点就听见一声惨叫，八哥已然落入猫口。我发出"咄咄"之声，威胁花猫，令其莫作恶。

我知道，"放下屠刀，立地成佛"之类的话对于肉食者来说是白费口水，便追赶它，希图迫使它放下无辜的小鸟。花猫绝不肯放弃上帝送给它的礼物，叼着小鸟钻进书架脚下。又听得一声惨叫，啊！猫已经"换口"了。所谓换口就是说，猫在当初为了捕获猎物，随便咬住一个地方，不让其逃命。

拖到安全处，便咬住小鸟的喉管，使喉管破裂或窒息而死。没换口时，救出小鸟，它不过受一点伤，现在即使救出小鸟，那可怜的生灵已绝无生理了。我害怕听见残忍的花猫咀嚼小鸟骨头发出令人心悸的声音，立即打开房门，将花猫赶出去。我发誓：一辈子都不再理那在我面前媚态十足，在小鸟面前异常凶残的花猫了。转念一想：其实，我充当了猫的帮凶。蜡烛的光明，炭火的温暖作为陷阱，诱惑了黑暗与寒冷中的小鸟。

夜，仍然那么深，那么黑；雪，仍然静静地飘。夜幕掩盖下，什么都可能发生，什么都可以发生，什么都会发生，什么都能够发生，什么都在发生，什么都发生了，然后，似乎什么都没发生。

第二天，我把这个悲惨的血淋淋的故事讲给人们听，大家都为猫得了上帝恩赐的美餐而高兴，羡慕之情溢于词表，没有一个人同情葬身猫腹的小鸟。弱者的鲜血与生命值什么?! 我在自责与愧悔时又受到人们的嘲笑，这时，我的心才真正悲凉。

34. 成功倒计时

与鲸、海豹等身体硕大的海洋哺乳动物相比，海獭算得上是小个子了。海獭属于鼬科动物，成年海獭体长1.5米，体重在40公斤左右。它们生活在阿留申群岛周围的海域中，智能在某些方面超过了类人猿。比如在捕食海胆时，它们会从水底捞起一块石头，自己平躺在水面，将石头放在肚皮上，然后用两只前爪抓住海胆用力地往石块上砸，直至将海胆坚硬的壳砸破，这样便可以享受鲜美的海胆肉了。

其实，令科学家惊叹的还不仅是海獭会用石块当砧板来砸开海胆壳的聪明，而是它们对成功捕食时间的准确把握。在这一点上，不管是草原上的狮子，还是我们至高无上的人类，都无法做到。海獭的潜水时间仅仅只有4分钟，也就是说，在这4分钟里，它必须潜到50米以下的海水里去捕猎，如果超过了4分钟，它就会溺死在水里。所以，时间对于海獭来说就是生命，每一次捕猎，都是以倒计时来计算的，并且必须用上整个生命。它们只能在规定的时间内捕获到食物，不然，要么会被淹死，要么就会饿死。

海獭的食物大部分是海底生长的贝类、鲍鱼、海胆、螃蟹等。由于海獭非常清楚自己捕猎的时间有限，所以每次潜入水中之后，它便目标明确地去寻找自己的猎物，一秒钟时间都不敢耽误。它的速度也异常快捷，抓到猎物后，一定要在肺里的氧气用完之前冲出水面。它们长着小小的脑袋，小小的耳朵，滚圆的躯体。它们没有鲨鱼那样坚硬的牙齿，也没有金枪鱼那样锋利的长枪，它们没有任何强过海里其他动物的器官或武器，也并不适合在水里生活，可是，千百年来，它们就是靠着那4分钟的捕猎时间而在海里生存了下来。

其实，人生的时间并不短，跟海獭相比，我们的时间何止一千个一万个4分钟？不成功的原因也正是因为时间太过充裕，让人们有了懈怠的心理。如果给成功定一个期限，会不会又是另一种情况呢？

35. 也许生活并没有痛苦

法国纪录片《微观世界》中有这样一个场景：一只屎壳郎，推着一个粪球，在并不平坦的山路上奔走着，路上有许许多多的沙砾和土块，然而，它推的速度并不慢。

在路正前方的不远处，一根植物的刺，直挺挺地斜长在路面上，根部粗大，顶端尖锐，格外显眼。也许是冥冥之中的安排，屎壳郎偏偏奔这个方向来了，它推的那个粪球，一下子扎在了这根"巨刺"上。

然而屎壳郎似乎并没有发现自己已经陷入困境。它正着推了一会儿，不见动静。它又倒着往前顶，还是不见效，它还推走了周边的土块，试图从侧边使劲——该想的办法它都想到了。但粪球依旧深深地扎在那根刺上，没有任何出来的迹象。

我不禁为它的锲而不舍感到好笑，因为对于这样一只卑小而智力低微的动物来说，实在是不会解决好这么大的一个"难题"的。就在我暗自嘲笑它，并等着看它失败之后如何沮丧离去时，它突然绕到了粪球的另一面，只轻轻一顶，咕噜——顽固的粪球便从那根刺里"脱身"出来。

它赢了。

没有胜利之后的欢呼，也没有冲出困境后的长吁短叹。赢了之后的屎壳郎，就像刚才什么也没有发生过一样，它几乎没有做任何

167

的停留，就推着粪球急匆匆地向前去了。只留下我这样的观众，在这个场景面前痴痴发呆。

　　也许在生活的道路上，它已经习惯了这样的场景；也许它活着，根本不需要像人一样，需要许许多多的"智慧"；也许在它的生命概念中，根本就没有输赢。推得过去，是生活；推不过去，也是一样的生活。

36. 悬念中的哲理

　　在沿海城市旅游时，我听导游讲了这样一个故事：在一家海鲜馆里，一群旅游者正在进晚餐。他们一面品尝菜肴，一面即兴谈天。鱼端上来了，大家七嘴八舌地讲起一些关于在鱼肚子里发现珍珠和其他宝物的趣闻轶事。

　　一位长者一直默默地听着他们闲聊，终于忍不住开口了："听了你们每个人所讲的故事，都很精彩，现在我也讲一个吧。我年轻的时候，受雇于香港一家进出口公司。像所有年轻人一样，我和一位漂亮的姑娘相爱了，很快我们就订了婚。就在我们要举行婚礼的前两个月，我突然被派到意大利经办一桩非常重要的生意，不得不离开我的心上人。"

　　老人顿了顿，接着说："由于出了些麻烦，我在意大利呆的时间比预期长了许多。当繁杂的工作终于了结的时候，我便迫不及待地准备返家。启程之前，我买了一只昂贵的钻石戒指，作为给未婚妻的结婚赠品。轮船走得太慢了，我闲极无聊地浏览着驾驶员带上船来的报纸，消磨时光。忽然，我在一份报纸上看到我的未婚妻和另一个男人结婚的启事。可想而知，当时我受到了怎样的打击。我愤怒地将我精心选购的钻石戒指向大海扔去。"

他沉默了一会，神情落寞地说："回到香港后，我再也没有找女朋友，一个人孤单度日，转眼几十年过去了。有一天，我来到一家海味馆，一个人闷闷不乐慢慢地进餐。一盘咸水鱼端上来了，我用筷子胡乱夹了些塞进嘴里，嚼了几下，忽然喉咙被一个硬东西哽了一下。先生们，你们可能已经猜出来了，我吃着什么了？"

"当然是钻戒！"周围的人肯定地说。

"不！"老人凄凉地说，"我开始也这么认为，饭毕才知道，是我一颗早就磨损得差不多、摇摇欲坠了的牙齿滑进了喉咙。"

这一次轮到大伙张大惊疑的嘴巴了。

37. 欲望

1823 年，大诗人拜仑已经开始失去欲望了，他的生活变得无聊，死一般的无聊。于是，他准备把自己的躯体献给战争。那年夏天，他跟着军队朝希腊进发，行军途中，他写信给诗人歌德，告诉他自己的苦恼。

那年，拜仑 35 岁，风华正茂。而歌德已 75 岁高龄了。一个年轻的生命没有生活目标，没有情人，不想结婚，更不敢谈恋爱，将生活寄托于一场战争。而另一个垂垂老矣的生命却正准备向一个年轻的女人求婚，他的情欲像一个年轻小伙一样旺盛。

歌德是在拜仑的鼓励下向那个只有 19 岁的姑娘求婚的，他对这场有着巨大的年龄差距的爱情充满了万丈激情。

事后得知的拜仑在异国他乡更加忧伤，他说自己是年轻的老人，而歌德是年老的年轻人。

一年后，他在没有结果的战争中病死。临死前他对医生说："我对生活早就烦透了，我来希腊，就是为了结束我所厌倦的生活，你们对我的挽救是徒劳的，请走开！"

拜伦就这样死了。

而高龄的歌德还在那个青春靓丽的女子怀里享受着生活，他的诗作一篇比一篇华丽而又激情万丈。

让人迷失自己的有时是欲望，有时又是没有欲望。

八旬高龄的国画大师齐白石在新凤霞造访时，盯着这位美丽的女子使劲看，让旁人也觉得太突兀。别人提醒他不能这样看一个女人，齐老说："她美啊！"

八旬的老人还有激情，不可思议，但又值得庆幸，为他的生命和艺术。

38. 沙堡与大海

虽然我一向喜欢登山，但是在这个晴朗的早晨，日出时的海滩向我展现出独一无二的美丽。当我来到空旷的海滩，两个孤独的身影映入我眼中：一个在喂海鸥，另一个在加固沙堡，抵御逼近的潮水。

我将自行车停在人行道上，向大海走去，边走边审视着喂海鸥的那个身影。那天然的优雅，流畅的动作，与大海构成和谐的一体。我认出了她，是奥利维娅阿姨。磨破的牛仔裤，褪色的 T 恤，头戴一顶棒球帽，远看活像十几岁的少年。在波涛轰鸣中，她如同在自家一般自如。

她并没有转过身来，却已感觉到我来了。"拿几片面包。"她温柔地对我说，信手递给我几片面包，而眼睛却仍注视着所喂的那对海鸥。当我捏碎面包时，头顶海鸥的鸣叫，带着咸味的海风，还有不远处保护沙堡的小男孩的身影，使我内心无比安宁。自从得知父母打算离婚，我很久没有感受这种安宁了。所有的忧虑都抛在一边，我忽然感到更加自由轻盈，就像春天来临时脱去冬衣。

最后一片面包也已经喂光，我和奥利维娅阿姨仍久久地看着那个男孩。最后她开口道："这个孩子的执著实在令人钦佩。他竭尽全力保护自己的沙堡，因为他用了美丽的贝壳装饰沙堡，把心和灵魂都倾注在其中。但是无论他筑多么高的墙，挖多么深的沟，大海永远更加强大。"

在她的话语声中，我注视着那个男孩。潮水越来越近，他也越来越忙乱。他拼命地挖着，每一波潮水都在他脸上增加一分忧惧。最后，奥利维娅阿姨拉着我的手，向水边走去。男孩仰起脸看着我们，起初似乎有些迷惑，接着便微笑起来。奥利维娅阿姨伸出另一只手，男孩离开沙堡，站起来拉住她的手。在我们三人的注视下潮水冲垮了沙墙，淹没了壕沟，将沙堡夷为平地。

看着装饰沙堡的贝壳散落下来，奥利维娅阿姨松开我们的手说："来，把贝壳收集起来。它们是沙堡最美丽的部分，用这些贝壳我们就可以在安全的地方建起一座新的沙堡。"

奥利维娅阿姨这番话将永远引导着我。当一次又一次不可抗拒的力量使我陷入困境时，是沙滩上的这一天，鼓舞我奋力重建新的生活。

39. 破桶与花朵

一位挑水夫，有两个水桶，分别吊在扁担的两头，其中一个桶子有裂缝，另一个则完好无缺。在每趟长途的挑运之后，完好无缺的桶子，总是能将满满一种桶水从溪边送到主人家中，但是有裂缝的桶子到达主人家时，却剩下半桶水。

两年来，挑水夫就这样每天挑一桶半的水到主人家。当然，好桶子对自己能够送满整桶水感到很自豪。破桶子呢？对于自己的缺陷则非常羞愧，他为只能负起责任的一半，感到非常难过。

饱尝了两年失败的苦楚，破桶子终于忍不住，在小溪旁对挑水夫说："我很惭愧，必须向你道歉。""为什么呢？"挑水夫问道："你为什么觉得惭愧？""过去两年，因为水从我这边一路的漏，我只能送半桶水到你主人家，我的缺陷，使你作了全部的工作，却只收到一半的成果。"破桶子说。挑水夫替破桶子感到难过，他满有爱心地说："我们回到主人家的路上，我要你留意路旁盛开的花朵。"

果真，他们走在山坡上，破桶子眼前一亮，看到缤纷的花朵，开满路的一旁，沐浴在温暖的阳光之下，这景象使他开心了很多！但是，走到小路的尽头，它又难受了，因为一半的水又在路上漏掉了！破桶子再次向挑水夫道歉。挑水夫温和地说："你有没有注意到小路两旁，只有你的那一边有花，好桶子的那一边却没有开花呢？我明白你有缺陷，因此我善加利用，在你那边的路旁撒了花种，每回我从溪边来，你就替我一路浇了花！两年来，这些美丽的花朵装饰了主人的餐桌。如果你不是这个样子，主人的桌上也没有这么好看的花朵了！"

40. 现在的幸福

从前，有一座圆音寺，每天都有许多人上香拜佛，香火很旺。在圆音寺庙前的横梁上有个蜘蛛结了张网，由于每天都受到香火和虔诚的祭拜的熏陶，蜘蛛便有了佛性。经过了一千多年的修炼，蜘蛛佛性增加了不少。

忽然有一天，佛主光临了圆音寺，看见这里香火甚旺，十分高兴。离开寺庙的时候，不轻易间地抬头，看见了横梁上的蜘蛛。佛主停下来，问这只蜘蛛："你我相见总算是有缘，我来问你个问题，看你修炼了这一千多年来，有什么真知灼见。怎么样？"

蜘蛛遇见佛主很是高兴，连忙答应了。佛主问到："世间什么才是最珍贵的?"

蜘蛛想了想，回答到："世间最珍贵的还是'得不到'和'已失去'。"

你继续炼吧，一千年后再来回答我的问题。

就这样又过了一千年的光景，蜘蛛依旧在圆音寺的横梁上修炼，它的佛性大增。一日，佛主又来到寺前，对蜘蛛说道："你可还好，一千年前的那个问题，你可有什么更深的认识吗？"

蜘蛛说："我觉得世间最珍贵的是'得不到'和'已失去'。"

佛主说："你再好好想想，我会再来找你的。"

又过了一千年，有一天，刮起了大风，风将一滴甘露吹到了蜘蛛网上。蜘蛛望着甘露，见它晶莹透亮，很漂亮，顿生喜爱之意。蜘蛛每天看着甘露很开心，它觉得这是三千年来最开心的几天。突然，有刮起了一阵大风，将甘露吹走了。蜘蛛一下子觉得失去了什么，感到很寂寞和难过。

这时佛主又来了，问蜘蛛："这一千年，你可好好想过这个问题：世间什么才是最珍贵的?"

蜘蛛想到了甘露，对佛主说："世间最珍贵的是'得不到'和'已失去'。"

佛主说："好，既然你有这样的认识，我让你到人间走一遭吧。"

就这样，蜘蛛投胎到了一个官宦家庭，成了一个富家小姐，父母为她取了个名字叫蛛儿。一晃，蛛儿到了十六岁了，已经成了个婀娜多姿的少女，长的十分漂亮，楚楚动人。

这一日，皇上在后花园为新科壮元郎甘鹿举行庆功宴。来了许多妙龄少女，包括蛛儿，还有皇帝的小女儿长风公主。状元郎在席间表演诗词歌赋，大献才艺，在场的少女无一不被他折倒。但蛛儿一点也不紧张和吃醋，因为她知道，这是佛主赐予她的姻缘。

过了些日子，说来很巧，蛛儿陪同母亲上香拜佛的时候，正好甘鹿也陪同母亲而来。上完香拜过佛，二位长者在一边说上了话。蛛儿和甘鹿便来到走廊上聊天，蛛儿很开心，终于可以和喜欢的人在一起了，但是甘鹿并没有表现出对她的喜爱。

蛛儿对甘鹿说："你难道不曾记得十六年前，圆音寺的蜘蛛网上的事情了吗？"

甘鹿很诧异，说："蛛儿姑娘，你漂亮，也很讨人喜欢，但你想像力未免丰富了一点吧。"说罢，和母亲离开了。

蛛儿回到家，心想，佛主既然安排了这场姻缘，为何不让他记得那件事，甘鹿为何对我没有一点的感觉？

几天后，皇帝下召，命新科状元甘鹿和长风公主完婚；蛛儿和太子芝草完婚。这一消息对蛛儿如同晴空霹雳，她怎么也想不到，佛主竟然这样对她。几日来，她不吃不喝，穷究急思，灵魂就将出壳，生命危在旦夕。

太子芝草知道了，急忙赶来，扑倒在床边，对奄奄一息的蛛儿说道："那日，在后花园众姑娘中，我对你一见钟情，我苦求父皇，他才答应。如果你死了，那么我也就不活了。"说着就拿起了宝剑准备自刎。

就在这时，佛主来了，他对快要出壳的蛛儿灵魂说："蜘蛛，你可曾想过，甘露（甘鹿）是由谁带到你这里来的呢？是风（长风公主）带来的，最后也是风将它带走的。甘鹿是属于长风公主的，他对你不过是生命中的一段插曲。而太子芝草是当年圆音寺门前的一棵小草，他看了你三千年，爱慕了你三千年，但你却从没有低下头看过它。蜘蛛，我再来问你，世间什么才是最珍贵的？"

蜘蛛听了这些真相之后，好像一下子大彻大悟了，她对佛主说：

"世间最珍贵的不是'得不到'和'已失去',而是现在能把握的幸福。"

刚说完,佛主就离开了,蛛儿的灵魂也回位了,睁开眼睛,看到正要自刎的太子芝草,她马上打落宝剑,和太子深深地抱着……

41. 奥运冠军的成长

阿兰·米穆是一位历经辛酸从社会最底层拼搏出来的法国当代著名长跑运动员、法国一万米长跑纪录创造者、第十四届伦敦奥运会一万米赛亚军、第十五届赫尔辛基奥运会五千米亚军、第十六届墨尔本奥运会马拉松赛冠军,后来在法国国家体育学院执教。

米穆出生在一个相当清贫的家庭。从孩提时代起,他就非常喜欢运动。可是,家里很穷,他甚至连饭都吃不饱。这对任何一个喜欢运动的人来讲都是颇为难堪的。例如,踢足球,米穆就是光着脚踢的。他没有鞋子。他母亲好不容易替他买了双草底帆布鞋,为的是让他去

学校念书穿的。如果米穆的父亲看见他穿着这双鞋子踢足球,就会狠狠地揍他一顿,因为父亲不想让他把鞋子穿破。

11岁半时,米穆已经有了小学毕业文凭,而且评语很好。他母亲对他说:"你终于有文凭了,这太好了!"可怜的妈妈去为他申请助学金。但是,遭到了拒绝!这是多么不公正啊!他们不给米穆助学金,却把助学金给了比他富有得多的殖民者的孩子们。鉴于这种不公道,米穆心里想:"我是不属于这个国家的,我要走。"可去哪里呢?米穆知道,自己的祖国就是法国。他热爱法国,他想了解它。但怎么去了解呢?因为他太穷了。

没有钱念书,于是米穆就当了咖啡馆里跑堂的了。他每天要一

直工作到深夜，但还是坚持锻炼长跑。为了能进行锻炼，每天早上五点钟就得起来，累得他脚跟都发炎脓肿了。总之，为了有碗饭吃，米穆是没有多少功夫去训练的。但是，他还是咬紧牙关报名参加了法国田径冠军赛。米穆仅仅进行了一个半月的训练。他先是参加了一万米冠军赛，可是只得了第三名。第二天，他决定再参加五千米比赛。幸运的是，他得了第二名。就这样，米穆被选中并被带进了伦敦奥林匹克运动会。

对米穆来说，这简直是不可思议的事情！他在当时甚至还不知道什么是奥林匹克运动会，也从来想像不到奥运会是如此宏伟壮观。全世界好像都凝缩在那里了。不过，在这个时刻，最重要的是，他知道自己代表的是法国。他为此感到高兴。

但是，有些事情让米穆感到不快。那就是，他并没有被人认为是一名法国选手，没有一个人看得起他。比赛前几小时，米穆想请人替自己按摩一下。于是他便很不好意思地去敲了敲法国队按摩医生的房门。

得到允许以后，他就进去了，按摩医生转身对他说："有什么事吗，我的小伙计？"

米穆说："先生，我要跑一万米，您是否可以助我一臂之力？"

医生一边继续为一个躺在床上的运动员按摩，一边对他说："请原谅，我的小伙计，我是派来为冠军们服务的。"

米穆知道，医生拒绝替自己按摩。无非就是因为自己不过是咖啡馆里一名小跑堂罢了。

那天下午，米穆参加了对他来讲是有历史意义的一万米决赛。他当时仅仅希望能取得一个好名次，因为伦敦那天的天气异常干热，很像暴风雨的前夕。比赛开始了。米穆并不模仿任何人。同伴们一个接一个地在落在他的后面。他成了第四名，随后是第三名。很快，他发现，只有捷克著名的长跑运动员扎托倍克一个人跑在他前面进行冲刺米穆终于得了第二名。

米穆就是这样为法国和为自己争夺到第一枚世界银牌的。然而最使米穆感到难受的，还是当时法国的体育报刊和新闻记者。他们在第二天早上便在边打听边嚷嚷："那个跑了第二名的家伙是谁呀？啊，准是一个北非人。天气热，他就是因为天热而得到第二名的!"瞧瞧，多令人心酸!

米穆感到欣慰的是，在伦敦奥运会四年以后，他又被选中代表法国去赫尔辛基参加第十五届奥运会了。在那里，他打破了一万米法国纪录，并在被称之为"本世纪五千米决赛"的比赛中，再一次为法国赢得了一枚银牌。

随后，在墨尔本奥运会上，米穆参加了跑马拉松比赛。他以 1 分 40 秒跑完了最后枷米。终于成了奥运会冠军!

他不用再去咖啡馆当跑堂了。可是，米穆却说："我喜欢咖啡，喜欢那种香醇，也喜欢那种苦涩……"

42. 彬彬有礼

从前有一只兔子，他非常谦虚，有着良好的教养，待人处世彬彬有礼。有一次，他到一农民的菜园子里去偷菜吃，把肚子吃得鼓鼓的，正准备往回走，忽然看见一只狐狸。这只狐狸要回到森林里去，半路上想到农家院子里偷只鸡，结果什么也没有捞到，真是又饿又气!

兔子见到狐狸，心里一惊：怎么办呢？跑! 还好狐狸没发现他，他飞快地跑到一个山洞，可是他万万没有想到，洞里等着他的是一个更加危险的敌人——一条大蛇!

好在兔子有一个很好的习惯，它进别人的家以前向来到得到主

177

人的允许，否则，决不冒然闯进。

"应当先打个招呼。"兔子想："可是跟谁打招呼呢？山洞！当然啦，应当跟山洞打招呼！"

兔子把屁股往后爪子上一蹲，摆出一幅绅士的姿态，彬彬有礼地说：

"亲爱的山洞，你好啊！我可以进来吗?"

大蛇听出这是兔子的声音，真是喜出望外，因为他特别想吃兔子肉。

"快进来吧，快进来!"蛇回答说。他想，这一回，兔子可要上当了。

兔子闻听，又吓了一跳，庆幸自己没有匆忙闯进去。

"请原谅，我打扰您了，"兔子说，"我刚才忘了，兔妈妈还在家里等着我呢，再见!"他一拔腿，便跑得不知去向。

大蛇在洞里缩成一团，懊丧地说：

"我真不该回答他。唉，这些彬彬有礼的兔子，真该死！他们进来之前先问好，原来是别有用心啊！"

43. 艺人与儿子

在很久以前，有一个村庄里住着一位做泥娃娃的手艺人。他做的泥人十分漂亮，人人喜欢，上市场卖也很畅销，所以他的日子过得不错。

艺人有一个儿子，手挺灵巧的。为了手艺不失传，艺人教儿子做泥人。这样，父子俩就开始一起做泥人。

儿子的手比父亲的还巧，加上他年轻力壮，干起活来干脆利落，他做的泥人比父亲的还好，青出于蓝而胜于蓝了。起初，他做的泥人和父亲做的卖一样的价钱。但是，当挨了父亲的训斥之后，他做泥人就更加认真了。结果没有多久，他做的泥人的卖价就超过了父亲。父亲做的泥人每个卖两卢比，他做的卖3卢比。可是，父亲对儿子的斥责并没有减少。他对儿子做的泥人总是不满意，不是说这里有缺点，就是说那儿有毛病。

儿子做泥人比以前更用心、更刻苦了。每天吃完饭就做泥人，天天如此。

现在，儿子的泥人做得比以前更好了，在市场上出售的价格不断提高。父亲做的泥人还是跟以前一样，每个卖两卢比，而儿子做的则涨到了4卢比，5卢比，6卢比，8卢比，最后到了10卢比！

可是，父亲仍不满意。他给儿子做的泥人一个一个地挑毛病：这只眼睛比那一只大了，两个肩膀不匀称；这做的是耳朵还是扬谷用的簸箕？指甲太小，看都看不见！

有一天，儿子生气了。他说："爸爸，你为什么老是挑我做的泥人的毛病？你做的泥人，每个我都能挑出20个毛病！你也不看看，你做的泥人至今仍卖两卢比一个，而我做的呢，卖10卢比人们还都争着买。我觉得我做的泥人什么毛病也没有，根本不必再加工!"

父亲很失望，伤心地说："孩子，你说的我都明白。不过这些话从你嘴里说出来，我很难过。我知道，今后你做的泥人的价钱永远也不会超出10卢比了。"

"为什么？"儿子惊奇地问。

父亲看了看儿子，说："作为一个手艺人，如果认为自己的手艺到了家，没有改进的余地了，或者认为根本没有改进的必要，那么就意味着他的长进就此停止。艺人什么时候一自满，他的手艺就再也不会提高了。以前有一天，我也对自己的手艺自满起来，结果从那天开始一直到现在，我做的泥人只能卖两卢比一个，从来没有超过这个价钱过。"

儿子听了，惭愧地低下了头。

44. 为何团团转

一个后生来到一座寺庙，在路上他看到了一件有趣的事，想以此考考老师父，冷不防地问了一句："为何团团转?""皆因绳未断。"老师父随口答道。

后生听了，顿时目瞪口呆："你怎么知道的?"后生接着说，"我在路上看到一头牛被绳子穿了鼻子拴在树上，牛想离开这棵树，到草地上去吃草，但它转过来转过去都不得脱身。我以为师父没看见，肯定答不出来，哪知师父出口就答对了。"

老师父微笑着说："你问的是事，我答的是理，你问的是牛被绳缚而不得解脱，我答的是心被俗务纠缠而不得超脱，一理通百事啊!"

45. 好战的狼

"想到父亲就感到荣耀，"小狼对狐狸讲，"他是一位真正的英雄。他在整个地区曾引起何等的敬畏呀!他一个接一个地战胜了两百多个敌人，把他们肮脏的灵魂送进了地狱。奇怪的是，他终于被一个敌人打败了!"

"致悼词的人可以这样表达，"狐狸说，"然而实在的历史学家会这样补充：他一个接一个地战胜的两百多个敌人全是些绵羊和骡子；而那个征服他的人，是他胆敢触犯的第一头牡牛。"

46. 推销大师

一位著名的推销大师，在一生中取得了辉煌的成就，世人皆知。因为年龄大了，他即将告别自己的职业生涯，应人们的邀请，他答应作一场演说。

这天，会场上座无虚席，人们静静地坐在那焦急而又热切地等待着。大幕徐徐拉开，舞台的正中央吊着一个巨大的铁球。为了这个铁球，台上搭起了高大的铁架。一位老者在热烈的掌声中，走了出来，站在铁架的一边。他穿着一件红色的运动服，脚下是一双白色胶鞋。

人们惊奇地望着他，不知道他要做出什么举动。两位工作人员抬着一个大铁锤，放在老者的面前。主持人邀请两位身体强壮的听众到台上来，推销大师请他们用大铁锤去敲打那个吊着的铁球，直到把它荡起来。

年轻人奋力抡起大锤奋力向那吊着的铁球砸去，一声震耳的响声后，吊球动也没动。他用大铁锤接二连三地砸向吊球，很快他就气喘吁吁，还是未能将铁球打动。

会场寂静无声，这时，推销大师从上衣口袋里掏出一个小锤，然后开始认真地面对着那个巨大的铁球敲打。他用小锤对着铁球"咚"地敲了一下，然后停顿一下，再用小锤敲一下。

人们奇怪地看着，老人就那样"咚"地敲一下，然后停顿一下，就这样持续地做。

10 分钟过去了，20 分钟过去了，30 分钟过去了，会场早已开始骚动，人们用各种声音和动作发泄着自己的不满。老人仍然一小锤一停地敲着，仿佛根本没有看见人们的反应。许多人愤然离去，会场上到处是空着的座位。

40 分钟后，坐在前排的人突然叫道："球动了！"

霎时间，会场又变得鸦雀无声，人们聚精会神地看着那个铁球。那个球以很小的幅度摆动了起来，不仔细看很难察觉。大师仍旧一小锤一小锤地敲着，人们默默地听着那小锤敲打吊球的声响。

吊球在大师一锤一锤地敲打中越荡越高，它拉动着那个铁架子"哐哐"作响，它的巨大威力强烈地震撼着在场的每一个人。年轻人用大锤也没有打动的铁球，在大师小锤地敲打中却剧烈地摆荡起来，终于，场上爆发出一阵阵热烈的掌声。

最后，大师开口了，他只说了一句话：在成功的道路上，你没有耐心去等待成功的到来，那么，你只能面对失败。

47. 渔王的儿子

有个渔人有着一流的捕鱼技术，被人们尊称为"渔王"。然而"渔王"年老的时候非常苦恼，因为他的三个儿子的渔技都很平庸。

于是经常向人诉说心中的苦恼："我真不明白，我捕鱼的技术这么好，我的儿子们为什么这么差？我从他们懂事起就传授捕鱼技术给他们，从最基本的东西教起，告诉他们怎样织网最容易捕捉到鱼，怎样划船最不会惊动鱼，怎样下网最容易请鱼入瓮。他们长大了，我又教他们怎样识潮汐，辨鱼汛。凡是我长年辛辛苦苦总结出来的经验，我都毫无保留地传授给了他们，可他们的捕鱼技术竟然赶不上技术比我差的渔民的儿子！"

一位路人听了他的诉说后，问："你一直手把手地教他们吗？"

"是的，为了让他们得到一流的捕鱼技术，我教得很仔细很耐心。"

"他们一直跟随着你吗?"

"是的,为了让他们少走弯路,我一直让他们跟着我学。"

路人说:"这样说来,你的错误就很明显了。你只传授给了他们技术,却没传授给他们教训"。

48. 原来这么简单

有个年轻人在脚踏车店当学徒。有人送来一辆有毛病的脚踏车,年轻人除了将车修好,还把车子整理得漂亮如新,其他学徒笑他多此一举。后来车主将脚踏车领回去的第二天,年轻人被挖到那位车主的公司上班。——原来要获得机会很简单,勤劳一点就可以了。

有个小孩对母亲说:"妈妈你今天好漂亮。"母亲问:"为什么?"小孩说:"因为妈妈今天一天都没有生气。"——原来拥有漂亮很简单,只要不生气就可以了。

有个牧场主人,叫他的孩子每天在牧场上辛勤地工作,朋友对他说:"你不需要让孩子如此辛苦,农作物一样会长得很好的。"牧场主人回答说:"我不是在培养农作物,我是在培养我的孩子。"——原来培养孩子很简单,让他吃点苦头就可以了。

住在田边的青蛙对住在路边的青蛙说:"你这里太危险,搬来跟我住吧!"路边的青蛙说:"我已经习惯了,懒得搬了。"几天后,田边的青蛙去探望路边的青蛙,却发现它已被车子压死了。——原来掌握命运的方法很简单,远离懒惰就可以了。

有几个小孩都很想成为一位智者的学生,智者给他们一人一个烛台,叫他们要保持光亮,结果一天两天过去了,智者都没来,大部分小孩已不再擦拭那烛台。有一天智者突然到来,大家的烛台都蒙上厚厚的灰尘,只有一个被大家叫做"笨小孩"的小孩,虽然智者没来，他也每天擦拭，结果这个笨小孩成了智者的学生。——原来想实现理想很简单，只要实实在在地去做就可以了。

有一支淘金队伍在沙漠中行走，大家都步伐沉重，痛苦不堪，只有一人快乐地走着，别人问："你为何如此惬意?"他笑着说："因为我带的东西最少。"——原来快乐很简单，不要斤斤计较就可以了。

49．生命价值

不要让昨日的沮丧令明天的梦想黯然失色!

在一次讨论会上，一位著名的演说家没讲一句开场白，手里却高举着一张 20 美元的钞票。

面对会议室里的 200 个人，他问："谁要这 20 美元?"一只只手举了起来。他接着说："我打算把这 20 美元送给你们中的一位，但在这之前，请准许我做一件事。"他说着将钞票揉成一团，然后问："谁还要?"仍有人举起手来。

他又说："那么，假如我这样做又会怎么样呢?"他把钞票扔到地上，又踏上一只脚，并且用脚碾它。尔后他拾起钞票，钞票已变得又脏又皱。

"现在谁还要?"还是有人举起手来。

"朋友们，你们已经上了一堂很有意义的课。无论我如何对待那张钞票，你们还是想要它，因为它并没贬值，它依旧值 20 美元。人生路上，我们会无数次被自己的决定或碰到的逆境击倒、欺凌甚至碾得粉身碎骨。我们觉得自己似乎一文不值。但无论发生什么，或将要发生什么，在上帝的眼中，你们永远不会丧失价值。在他看来，肮脏或洁净，衣着齐整或不齐整，你们依然是无价之宝。"

50. 老鼠杀人

有一个樵夫上山砍柴，在山洞边休息的时候，看到一群老鼠正啃噬着一具尸体。

他惊慌地跑下山，遇到路上的人就说："我看到一群老鼠在吃人。"

路上的人惊慌地跑下山，沿路告诉别人："有一只老鼠会吃人。"

有的人觉得"有一只老鼠会吃人"没有什么说服力，于是表现出惊慌的样子说："有一只老鼠像老虎，会吃人。"

这句话逐渐蔓延到乡村与城市，人人自危地告诉孩子："某某森林有一只老鼠大得像老虎，经常出来吃人。"

这个消息后来传入城里，许多电视和报纸纷纷报道："在某某森林，出现了一群像老虎那么大的老鼠，据传已经有不少人遇害，至于有多少人遇害，警方正在查证中；至于老鼠为何会长得像老虎，有关单位正在调查研究，是否与20年前的核能外泄有关；许多专家都建议在事实真相尚未厘清之前，民众不宜前往那片森林……"

从此，再也没有人去过那一片风景秀美的森林，因为真相永远无法厘清。

51. 思维的区别

从前，有一个海岛，岛上有很多沉积了多年的大颗的珍珠，价格都非常昂贵。可谁也无法接近这个海岛，只有栖息在海岸附近的海鸟能飞行往来在这个岛上。

很多人慕名而来，带有枪支弹药，捕杀飞回岸边的海鸟。因为这种海鸟每到白天都会飞到岛上去吃光如明月的珍珠。

时间长了，海鸟渐渐地灭绝，即使剩下的几只也过得胆战心惊，只要一闻到人的气息，看到人的踪影，就会早早地逃走。

后来，来了一个很有智慧的商人，他在海岸附近买下大片的树林，并在树林周围围上栅栏，不让闲杂人走进他的树林。同时，他严厉告诫他的仆人，不许在树林里捕捉或驱赶海鸟，更不许放枪。

于是，当海岸其它地方的枪声一响，就会有海鸟在惊慌逃窜中不经意闯进他的树林。时间一长，海鸟渐渐地都留在他的树林里栖息。它们也因此不必再为安全而战战兢兢。

等海鸟在他的树林里逐渐安定下来的时候，他开始用各种粮食果实等，做成味道鲜美的百味食物，撒给这些海鸟吃。海鸟贪吃百味食物，吃得十分饱，就把肚中的珍珠全部吐了出来。

日复一日，这个商人就成了百万富翁。

52. 情况不同

一只小猪、一只绵羊和一头乳牛，被关在同一个畜栏里。有一次，牧人捉住小猪，他大声号叫，猛烈地抗拒。绵羊和乳牛讨厌它的号叫，便说："他常常捉我们，我们并不大呼小叫。"小猪听了回答道："捉你们和捉我完全是两回事，他捉你们，只是要你们的毛和乳汁，但是捉住我，却是要我的命呢！"

53. 鲨鱼与鱼

曾有人做过实验，将一只最凶猛的鲨鱼和一群热带鱼放在同一个池子，然后用强化玻璃隔开。最初，鲨鱼每天不断冲撞那块看不到的玻璃，耐何这只是徒劳，它始终不能过到对面去。而实验人员每天都有放一些鲫鱼在池子里，所以鲨鱼也没缺少猎物，只是它仍想到对面去，想尝试那美丽的滋味，每天仍是不断的冲撞那块玻璃。它试了每个角落，每次都是用尽全力，但每次也总是弄的伤痕累累，有好几次都浑身破裂出血，持续了好一些日子。每当玻璃一出现裂痕，实验人员马上加上一块更厚的玻璃。

后来，鲨鱼不再冲撞那块玻璃了，对那些斑斓的热带鱼也不再在意，好像他们只是墙上会动的壁画，它开始等着每天固定会出现的鲫鱼，然后用他本能的敏捷进行狩猎，好像回到海中不可一世的凶狠霸气。但这一切只不过是假象罢了，实验到了最后的阶段，实验人员将玻璃取走，但鲨鱼却没有反应，每天仍是在固定的区域游着，它不但对那些热带鱼视若无睹，甚至于当那些鲫鱼逃到那边去，他就立刻放弃追逐，说什么也不愿再过去。实验结束了，实验人员讥笑它是海里最懦弱的鱼。

54. 神迹

法国一个偏僻的小镇，据传有一个特别灵验的水泉，常会出现神迹，可以医治各种疾病。有一天，一个挂着拐杖，少了一条腿的退伍军人，一跛一跛的走过镇上的马路，旁边的镇民带着同情的口吻说："可怜的家伙，难道他要向上帝祈求再有一条腿吗？"这一句话被退伍的军人听到了，他转过身对他们说："我不是要向上帝祈求有一条新的腿，而是要祈求他帮助我，叫我没有一条腿后，也知道如何过日子。"

55. 两杯不同的水

学校请一位著名的教授来给我们做一次演讲。

这位教授拿了两杯水，一杯黄色的，一杯白色的，故作神秘地对我们说："待一会儿，你们从这两杯水中选择其中的一杯尝一下，不管是什么味道，先不要说出来，等实验完毕后我再向大家解释。随后先问甲乙两位同学想喝哪杯水，甲乙二人都说要黄色的那杯，接着又去问丙丁两位同学，丙丁二人也同样要尝试黄色的那杯。就这样，总共有 200 多个同学做了尝试，其中只有 1/3 的同学选择了白色的那杯。

之后，教授问同学们，黄色的那杯是什么水？2/3 的同学伸出舌头回答："是黄连水。"

"那你们为什么想要尝试这一杯呢？"教授接着问道。

那些同学又回答："因为它看起来像果汁。"

教授笑了笑，接着又问尝过白色那杯水的同学，白色的那杯是什么？这些同学大声答道："是蜜。"

"那你们为什么选择尝试白色的这杯呢？"

"因为掺杂了色素的水虽然好喝、好看，但是并不能解渴呀！"这些喝过蜂蜜的同学笑着答道。

听完了同学们的回答，教授又笑了笑，说道："绝大多数的同学选择了很苦的黄连水，因为它看起来像果汁；只有极少数的同学尝到了蜂蜜。"

56. 两片海洋

巴勒斯坦有两片海洋。

约旦河从山坡上流下，溅起银色的水花，汇入这片海洋。它在阳光下欢笑。

它是一片活水，波光粼粼，里头有鱼，沿岸绿意盎然。树木在它上面伸长枝干，又伸出饥渴的根须，啜饮它那能滋养生灵的水分。人们在海边建起房屋，小鸟在树上筑巢。由于这一片海，每一种生命都更加快乐。

这是加里利海。

约旦河往南流，有另一片海洋。

这里没有鱼儿游动，没有树影婆娑，没有小鸟歌唱，也没有儿童嬉笑。这里的空气沉滞地浮在水面，没有任何人或飞禽走兽会喝下它的水。

它的名字叫死海。

是什么原因让这两片邻近的海洋产生天壤之别？不是约旦河——它把同样美好的河水灌注到两者身上；也不是它们躺卧的土壤，更不是四周的乡野。

差别在这里。加里利海接受了约旦河的水，却不把河水留下来。于是流进它的每一滴河水，最后又都无私地流了出去。这片海洋的付出与接受的数量一样多。

死海则把得到的河水都储藏起来，慷慨的流动也打动不了它。得到的每一滴水，它都纳为己有。

加里利海又接受，又付出，所以生机勃发，活力四射。死海却吝于付出，最终死气沉沉，腐朽不堪。

57. 一纱之隔

有个小和尚，出家几年了，对理一直不得要领。更遗憾的是，他一直未能从世俗的心理纠葛中挣脱出来。

一天，他在万般无奈中去找方丈求教，方丈听了他的诉说后，微微一笑说："你既然能来找我诉说，就说明你有慧根，你的悟性就只隔一层薄纱了，这样吧，你回去蒙上被单睡一觉，就能领悟了。"

小和尚听了方丈的话，回到自己的卧室蒙头就睡。可他刚刚入睡，方丈就带着几个身强力壮的和尚来到他的卧室，二话不说，就用他身上的被单把他裹了个严严实实，连鼻子、嘴都蒙住了。他从梦中惊醒，不知发生了什么事，只感到自己就要窒息了。为了活命，他本能地使出全身的力气一下就把被单给撑破了，由于用力过猛，自己还掉下了床。

当他看到站着的方丈时，非常惊讶："不是您让我睡的吗？怎么又带人来捆我？"

方丈呵呵一笑说："你挺厉害的嘛，一下就挣脱了。""能不挣脱吗？我都快被憋死了！"小和尚委屈地说。"是啊，即使遭受再厉害的束缚，只要你拼命地挣扎，也是能在瞬间挣脱的。"方丈意味深长地说。小和尚顿时领悟，他感激地对方丈说："多谢师父点化。"

58. 把奖赏变成惩罚

一位名叫珍克拉克的美国女学生，从 1966 年 1 月 4 日至 6 月 7 日，连续打了 154 天喷嚏，除了睡熟之外，平均每 4 分钟便打一个。由于连续不断地打喷嚏，她的头部与胸部剧痛，呼吸与饮食困难，经常抽筋、呕吐，全身乏力，其身心之痛楚与生活之不便，实非常人所能体会。

珍克拉克的病患引起了专家们的重视和人们的广泛同情。在五个多月的时间里，美国的许多神经系统专科医生、内科专家、后天免疫专家、喉鼻科专家、催眠术专家等纷纷前来诊视，但都异常困惑，束手无策。他们在她身上使用各种药物和疗法，不少同情者甚至寄来"祖传秘方"，也均无济于事。

6 月 7 日这天，一位 39 岁，来自迈阿密的心理科专家古殊纳医生答应帮助珍克拉克。治疗开始，古殊纳医生在珍克拉克两个前臂上安装两个电极，然后将一个扩音器挂在她的颈项前面。当她打喷嚏时，扩音器便将喷嚏的音波传到一个敏感的电掣上，这个电掣跟着通过安在她双臂上的两个电极，发出一种温和而"非常不舒服"的电击作用。她打一个喷嚏，就立即受到一次"不舒服"的电击。再打喷嚏，再被电击。如此长达 4 个钟头。

珍克拉克是在下午 12 时 40 分开始接受治疗的，起初她每隔 40 秒钟打一个喷嚏。在第一个 30 分钟，她打了 22 次喷嚏；第二个 30 分钟，只打了 12 次喷嚏；第三个 30 分钟，减少到 3 次；第四个 30 分钟，只打了 1 次；到下午 3 点钟时，她的喷嚏完全停止了。至此，这种出现在珍克拉克身上的反复无常的怪症被有效地制服了。珍克拉克高兴得热泪滚滚。

古殊纳医生透露了他的治疗"秘笈"："如果一个小孩触摸一个灼热的火炉时，他会遭到惩罚——被烫得哇哇大哭，结果他以后就不敢去触摸火炉了。就珍克拉克的喷嚏来说，当然有某些因素诱发她开始这样打喷嚏。她已经养成一种令她无法免除的反常的行为习惯，因为她的喷嚏可以获得奖赏，即来自各地数以万计的人同情、关注。可是，我使用的电击，却中断她获得奖赏而让她受到惩罚。"

59. 死蛇咬人

美国亚利桑那州盛产响尾蛇，那里毒蛇咬人的意外时有发生。响尾蛇有剧毒，如果伤者不立即接受治疗，便有生命危险。亚利桑那州的菲尼克斯医院曾对被响尾蛇咬伤的急诊病人做过统计。医生们意外地发现，很多病人是被死蛇咬伤，甚至丧命的。

那些死蛇，有的是被枪打死的，有的是被刀砍死的，蛇身已经被砍成两截。但没有经验的人，用手一碰，死蛇的头却突然弹起，狠狠地反咬他一口。在医学上这叫"条件反射"。实验证明，蛇头被切下一个小时后，它的肌肉仍然可以做出强有力的扑咬动作。

没有经验的人，疏忽大意的人最容易被"死蛇"伤害。

60. 蚌和野马

沙粒进入蚌体内，蚌觉得不舒服，但又无法把沙粒排出。好在蚌不怨天尤人，而是逐步用体内营养把沙包围起来，后来这沙粒就变成了美丽的珍珠。

吸血蝙蝠叮在野马脚上吸血，野马觉得不舒服，但又无法把它赶走，于是就暴跳狂奔，不少野马被活活折磨而死。科学家研究发现，吸血蝙蝠所吸的血量极少，根本不足以致野马死去，野马的死因就是暴怒和狂奔。

61. 一封未寄出去的情书

不知道从哪一天起，我感到自己长大了，懂得了用心去爱一个人了，也是从那一天起，我渐渐懂得了什么叫爱的代价。

也许正是你这种性格让我今天不得不坐在漆黑的夜里，面对这冰冷的屏幕，敲着这麻木的键盘来写这些也许幼稚而可笑的文字吧。因为当我面对你的时候，我如何也不能把这些话说出口，我不愿让你伤心，也怕你生气，于是只有这样来写了，至少你不会看到我脆弱的泪水，也不会让我语无伦次。也许你会感觉到这些天我故意对你的疏远，也许你根本不会在意，也许没有在意，也许……算了，不想了，疏远你并不是我不爱你，只是我想找一段时间让我自己静一静。于是我决定外出散散心，也许只有远远地离开才能忘记在这里的不开心，sorry，我有些受不了了。"爱从不逗留，只有人坠落或是承受；如果她真的要走，不会理你是不是一无所有……"当我感到心在摇摆时，我真想找一个有力的理由来证明我是对的，支持我要相信自己的感觉。

曾经在一个网站看过一个测试题。故事说，在一个暴风雨的夜里，你驾车经过一个车站。车站上有三个人在等巴士，其中一个是病得快死的老妇人，一个是曾经救过你命的医生，还有一个是你长久以来的梦中情人。如果你只能带上其中一个乘客走，你会选择哪一个？这个故事很有趣。当时我的第一反应是，如果能让医生去救老妇人，而我和我的爱人相守，这样子就好了。但这答案似乎显得有点自私。

答案是一段用 powerpoint 制作得很精美的动画。里面说，很多人都只选了其中唯一一个选项，而最好的答案是，"把车钥匙给医生，让医生带老人去医院；然后我和我的梦中情人一起等巴士"。居然和我当初的想法一样。

只是，动画的结尾处还有一段话，是这样说的："是因为我们从来不想放弃任何好处吗，就像那车钥匙？有时候，如果我们可以放弃一些固执、限制甚至是利益，我们反而可以得到更多。"纵然我作了这样的选择，但看到这段话时还是感慨良多。显然当时的我并没有想到那么多关于取和舍的深层问题。什么才是最难舍弃的，是一种道义，还是一段感情？为什么不能抛开和牺牲一些东西，而去获得另一些永恒？就好比说，我不选择你，会后悔一辈子。其它的东西都可以抛弃，可我就是那么想和你有场至始至终完美的相守。我这样说，你会作什么样的选择？

这让我想起《卧虎藏龙》里的一句对白，那是李慕白对师妹说的一句话："把手握紧，什么都没有，但把手张开就可以拥有一切"。我们想得到更多，所以放弃。以退为进的道理谁都知道，可身体力行，还是困难的。无论你的选择是什么，你注定会失去一些东西，也注定会在失去的同时获得一些东西。其实有时会得到什么、失去什么，我们心里都很清楚，只是觉得每样东西都有它的好处所在，势均力敌，哪样都舍不得放手。

其实不是那样的，没有在同一情形下势均力敌的东西。它们总会有差别和轻重。你得选择那个对长远来说更重要的东西。有些东西，你以为这次放弃了，就再也不会出现了，可当你真的错过了，会发现它在日后仍然不断出现，而有些东西，你以为暂时放过它，它还会一再地出现，就像当初它来到你身边时那样，可真的一旦错过，它就是美景不再的回忆，就是日后无法回头的遗憾。

我问过一个朋友，如果要放弃的和想得到的都是好东西，那怎么办？他说，那是你太贪心。真的是这样，我们本质里都是贪心的，贪心常常蒙蔽真心。世界上不会有那么好的事，我们往往只能在某一时刻选择一样东西。

父亲常在嘴上挂着一句，"有所得必有所失。"我也常拿它去劝慰朋友。也许这样才符合能量守恒的道理，也能显得老天比较公平。这两天，我一直在试图鼓励一个要好的朋友，鼓励她能为自己的生活和感情作出一个选择，从眼前的痛苦中解脱出来。

我知道，鼓励别人的时候，同时也就是鼓励自己。人在给别人勇气之前，自己得首先鼓足勇气。我无法看到未来具体将描绘成什么样子。但是我明白自己的原则和底线。我根据它们来作人生里的任何一次取舍，对自己既不委屈，也不纵容。而且我知道，很多的世事与感情是经不起一再地错过与等待的，我必须在适当的时候作出一个选择，而不是等到无可奈何花落去的时候，再来体会那种悲凉。就好像，为什么一定要等到不再相爱的时候再说再见呢？我宁愿在最爱你的时候离开，如果我清楚地知道我们不会再有让这种爱继续的能力。

我选择留给你一个不再回头的背影，不代表我不想折返身去永远缠绵地拥抱你；我选择退出一个和你厮守到老的结局，不代表我心里不想和你一起实现这个梦想。就好像选择你，是因为爱你。不选择你，一定还是因为爱你。我在得到的同时失去，却在失去的同时也得到别样的永远。艰辛和苦涩不必言说，梦想似乎仍然在不远不近的地方等我，而几年里所阅历过的一切给心灵带来的丰富感是我最大的满足。生活着，工作着，忙碌着，有快乐，有苦涩，但终究是自己独一的人生，都说执著最苦，也许是吧！苦中的乐，更能真切体会到人生至美的风景。

62. 拾麦穗

有三个年轻人一起来到一块麦田边上，他们打赌：看谁能拣到麦田中最大、最饱满的麦穗，条件是每个人只能走一遍，只能作唯一的一次选择，不能有回头的机会。第一个下田不久就选中了一穗，它花费的时间是最短的；第二个走了一半左右也选择了一穗；第三个在快到麦田的尽头才挑到了自己最中意的一穗，而他花费的时间也是最长的。

63. 冠军比赛

一位搏击高手参加锦标赛，自以为稳操胜券，一定可以夺得冠军。

出乎意料，在最后的决赛中，他遇到一个实力相当的对手，双竟尽全力出招攻击。当对方打到了中途。搏击高手意识到，自己竟然找不到对方招式中的破绽，而对方的攻击却往往能够突破自己防守中的漏洞，有选择地打中自己。

比赛的结果可想而知，这个搏击高手惨败在对方手下，也无法得冠军的奖杯。

他愤愤不平地找到自己的师父，一招一式地将对方和他搏击的过程再次演练给师父看，并请示师父帮他找出对方招式中的破绽。他决定根据这些破绽，苦练出足以攻克对方的新招。决心在下次比赛时，打倒对方，夺取冠军的奖杯。

师父笑而不语，在地上画了一道线，要他在不能擦掉这道线的情况下，让这条线变短。

搏击高手百思不得其解，怎么会有像师父所说的办法，能使地上的线变短呢？最后，他无可奈何地放弃了思考，转向师父请教。

师父在原先那道线的旁边，又画了一道更长的线。两者相比较，原先的那道线，看起来短了许多。

师父开口道："夺得冠军的关键，不仅仅在于如何攻击对方的弱点，正如地上的长短线一样，如果你不能在要求的情况下使这条线变短，你就要懂得放弃从这条线上做文章，寻找另一条更长的线。那就是只有你自己变得更强，对方就如原先的那道线一样，也就在相比之下变得较短了。如何使自己更强，才是你需要苦练的根本。"

徒弟恍然大悟。

师父笑道：搏击要用脑，要学会选择，攻击其弱点，同时要懂得放弃，不跟对方硬拼，以己之强攻其弱，你就能夺取冠军。